JESUS
REVOLUCIONÁRIO

Dados Internacionais de Catalogação na Publicação (CIP)
(Câmara Brasileira do Livro, SP, Brasil)

Frei Betto
  Jesus revolucionário : contradição de classes no Evangelho de Lucas / Frei Betto. – Petrópolis, RJ : Vozes, 2024.

  Bibliografia
  ISBN 978-85-326-6952-0

  1. Cristianismo 2. Espiritualidade 3. Evangelho de Lucas 4. Jesus Cristo I. Título.

24-220756   CDD-226.406

Índices para catálogo sistemático:

1. Evangelho de Lucas : Interpretação e crítica   226.406

Tábata Alves da Silva – Bibliotecária – CRB-8/9253

Frei Betto

JESUS REVOLUCIONÁRIO

CONTRADIÇÃO DE CLASSES no EVANGELHO de Lucas

EDITORA VOZES

Petrópolis

© Frei Betto, 2024
www.freibetto.org
Agente literária: Maria Helena Guimarães Pereira
mhgpal@gmail.com

Direitos de publicação em língua portuguesa:
2024, Editora Vozes Ltda.
Rua Frei Luís, 100
25689-900 Petrópolis, RJ
www.vozes.com.br
Brasil

Todos os direitos reservados. Nenhuma parte desta obra poderá ser reproduzida ou transmitida por qualquer forma e/ou quaisquer meios (eletrônico ou mecânico, incluindo fotocópia e gravação) ou arquivada em qualquer sistema ou banco de dados sem permissão escrita da editora.

CONSELHO EDITORIAL	PRODUÇÃO EDITORIAL
Diretor Volney J. Berkenbrock	Aline L.R. de Barros Jailson Scota Marcelo Telles
Editores Aline dos Santos Carneiro Edrian Josué Pasini Marilac Loraine Oleniki Welder Lancieri Marchini	Mirela de Oliveira Natália França Otaviano M. Cunha Priscilla A.F. Alves Rafael de Oliveira Samuel Rezende
Conselheiros Elói Dionísio Piva Francisco Morás Gilberto Gonçalves Garcia Ludovico Garmus Teobaldo Heidemann	Vanessa Luz Verônica M. Guedes

Secretário executivo
Leonardo A.R.T. dos Santos

Preparação dos originais: Maria Helena Guimarães Pereira
Editoração: Rafaella Nóbrega Esch de Andrade
Diagramação: Editora Vozes
Revisão gráfica: Nilton Braz da Rocha
Capa: Érico Lebedenco

ISBN 978-85-326-6952-0

Este livro foi composto e impresso pela Editora Vozes Ltda.

Para Thomaz Ferreira Jensen

Sumário

Siglas, 9
Introdução, 11

Capítulo 1, 15
Capítulo 2, 25
Capítulo 3, 32
Capítulo 4, 39
Capítulo 5, 46
Capítulo 6, 52
Capítulo 7, 62
Capítulo 8, 69
Capítulo 9, 78
Capítulo 10, 89
Capítulo 11, 97
Capítulo 12, 104
Capítulo 13, 112
Capítulo 14, 118
Capítulo 15, 122
Capítulo 16, 126
Capítulo 17, 130
Capítulo 18, 134
Capítulo 19, 141
Capítulo 20, 147

Capítulo 21, 154
Capítulo 22, 159
Capítulo 23, 167
Capítulo 24, 173

Bibliografia, 179
Obras do autor, 181

Siglas

Cepis – Centro de Educação Popular do Instituto "Sedes Sapientiae"
Cf. – Confira, compare
Km – quilômetro
ONG – Organização Não Governamental
ONU – Organização das Nações Unidas
Op. cit. – obra citada
p. – página
pp. – páginas
ss. – seguintes, versículos seguintes

Introdução

Entender a Bíblia parece muito complicado a inúmeras pessoas. São diversos livros, escritos há séculos em diferentes épocas, e sua leitura pode ser comparada a um trabalho de "arqueologia" literária, em que cada fragmento ou versículo nos conduz a surpreendentes riquezas. É como o pesquisador que, dotado de conhecimentos especializados, encontra um pedaço de cerâmica e desvenda, a partir daquela lasca, toda uma remota civilização. Faz o passado emergir no presente. Mas quem não tem olhos para ver não reconhece o valor do caco de cerâmica e o descarta.

Algumas Igrejas oferecem cursos bíblicos a seus fiéis. Nas paróquias católicas isso é raro. Dá a impressão de que os padres evitam que os leigos conheçam profundamente os textos sagrados e, assim, preservam o monopólio da interpretação da Palavra de Deus. No entanto, há décadas a Igreja conta, no Brasil, com uma excelente ferramenta ecumênica para quebrar esse privilégio: o Cebi (Centro de Estudos Bíblicos – www.cebi.org.br) oferece cursos e vasta bibliografia. Muitas publicações estão em linguagem popular e são destinadas a alimentar a rede de Círculos Bíblicos espalhada por todo o país.

Para nós, cristãos, a essência da Bíblia são os quatro evangelhos. Por isso me propus a destrinchá-los em linguagem jornalística, para facilitar o entendimento de todos os leitores interessados. Eu mesmo, desde que me tornei militante cristão aos 13 anos, lidei anos com a dificuldade de entender a Bíblia e, em especial, os evangelhos. Minha opção vocacional, entretanto, propiciou-me a oportunidade de estudar exegese bíblica e conviver com três grandes mestres dessa matéria: Carlos Mesters, Gilberto Gorgulho e Ana Flora Anderson. Assessorar, por décadas, as Comunidades Eclesiais de Base, a Pastoral Operária, e participar de Círculos Bíblicos, foram vivências fundamentais para me familiarizar com os evangelhos e compreender seus textos dentro dos contextos.

O que sabemos de Lucas? Embora não figure entre os apóstolos de Jesus, é o autor de dois livros do Novo Testamento: este evangelho e o *Atos dos Apóstolos*. De origem pagã, teria se convertido ao cristianismo no ano 42. Foi companheiro do apóstolo Paulo (*Atos* 16,11-13; 20,11-14; 21,1-6) que, em bilhete a Filêmon, se refere a Lucas como "colaborador" (*Carta a Filêmon* 24), e cita-o na *Carta aos Colossenses*: "Lucas, o querido médico" (4,14). Entre os quatro autores de evangelhos, Lucas é o único gentio, ou seja, não tinha origem judaica. "Nasceu em Antioquia, cidade de mais de meio milhão de habitantes"[1].

Lucas pertenceu à segunda geração de discípulos de Jesus. Do que ele coletou sobre a militância do Mestre, redigiu dois volumes entre os anos 85 e 90. Ao primeiro, a comunidade cristã deu o título de *Evangelho de Lucas* e, ao segundo, *Atos dos Apóstolos*. Um livro completa o outro.

Como Mateus, Lucas ou a comunidade cristã que escreveu este evangelho também se baseou no *Evangelho de Marcos* e na *Fonte Q* (da palavra alemã *Quelle* – fonte), uma coletânea de relatos sobre Jesus. E tudo indica que Lucas teve contato com cristãos samaritanos, pois inclui em sua narrativa episódios ocorridos na Samaria que não aparecem nos relatos de Marcos, Mateus e João.

---

1. MESTERS, C.; LOPES, M. *O avesso é o lado certo*. Círculos Bíblicos sobre o Evangelho de Lucas. São Leopoldo: Cebi; São Paulo: Pia Sociedade Filhas de São Paulo, 1998, p. 9.
Antakya é o nome atual de Antioquia e se situa no sul da Turquia, quase na fronteira com a Síria. Seus habitantes a chamam de cidade da paz. Mesquitas, uma igreja católica e até uma sinagoga convivem bem na cidade.

Quem está familiarizado com os textos evangélicos percebe que Lucas parece repetir Mateus em vários trechos. Ora, tanto Mateus quanto Lucas se basearam em Marcos para redigirem seus relatos. Um crítico escrupuloso diria que Mateus e Lucas "plagiaram" Marcos.

Impregnado de cultura grega, Lucas dedica seu evangelho a um certo Teófilo, nome grego que significa "amado de Deus". Também o *Atos dos Apóstolos* é dirigido à mesma pessoa (1,1). Quase nada se sabe sobre Teófilo, exceto se tratar de alguém importante, pois Lucas se refere a ele como "excelentíssimo" (1,3). Supõe-se que seria uma autoridade grega ou romana convertida à fé cristã. Pode ter sido também um mecenas, comum na Antiguidade, ou seja, alguém que financiou a redação deste evangelho. Portanto, ao contrário dos outros três evangelistas, Lucas não conheceu pessoalmente Jesus.

O que caracteriza este evangelho é o contraste entre as atitudes de poderosos e excluídos, proprietários e assalariados, a ponto de seu Sermão "da Montanha" – que para Lucas foi na planície – mostrar Jesus bendizendo os pobres e amaldiçoando os ricos.

Chamo a atenção para outra característica da narrativa de Lucas – é um evangelho feminista! Nenhum outro evangelista cita tantas mulheres como ele. E o faz destacando-as como protagonistas, e não meras coadjuvantes. Vale lembrar que a mulher era considerada um ser inferior no século I, tanto pela cultura judaica quanto pela grega.

O vocábulo grego que significa mulher nos originais dos evangelhos é *gyné*. Lucas o emprega 41 vezes; Mateus, 32; Marcos, 12; e João, 22.

Este Evangelho de Lucas foi escrito não para judeus, como fez Mateus, e sim para pessoas de cultura grega.

Capítulo 1

Muitas pessoas já tentaram escrever a história dos acontecimentos ocorridos entre nós. Iniciaram a partir do que nos foi transmitido por aqueles que desde o princípio foram testemunhas oculares e ministros da palavra. Portanto, após um estudo cuidadoso de tudo o que aconteceu, também decidi escrever para você, excelentíssimo Teófilo, uma narrativa bem-ordenada. Desse modo, poderá verificar a solidez dos ensinamentos recebidos.

Ao contrário de Marcos e Mateus, Lucas inicia seu relato por um prólogo. O que demonstra ter sido um autor com conhecimento literário.

No tempo de Herodes, rei da Judeia, havia um sacerdote chamado Zacarias, do grupo de Abias. Sua esposa, descendente de Aarão, se chamava Isabel. Os dois eram justos diante de Deus: obedeciam fielmente a todos os mandamentos e ordens do Senhor. Não tinham filhos, porque Isabel era estéril, e ambos eram de idade avançada.

Uma característica de Lucas é contextualizar politicamente a narrativa. Ela não é mítica, é histórica. Deu-se "no tempo de Herodes, rei da Judeia". Trata-se de Herodes, o Grande, que governou a Palestina entre 37 a.C. e 4 a.C.

Zacarias era sacerdote judeu. Os sacerdotes do Templo de Jerusalém se dividiam em 24 grupos ou classes. Zacarias pertencia ao "grupo de Abias" (cf. *1Crônicas* 24,10). Era casado com Isabel, prima de Maria, mãe de Jesus.

A observação de que ela "era estéril" é interpretada por alguns como crítica de Lucas ao judaísmo, que teria se tornado uma velha religião esclerosada. Ora, essa crítica pode ser generalizada, pois qualquer religião corre o risco de ter segmentos legalistas, burocratizados, como árvore que não dá frutos, como ocorre também na Igreja Católica. Mas não pode ser absolutizada porque, parafraseando Santo Agostinho, toda religião está grávida de si mesma, ou seja, contém em seu bojo sementes de inovação, como, aliás, o judaísmo gerou o cristianismo. Dentro do próprio judaísmo sempre houve segmentos progressistas.

Para a cultura religiosa da época, Deus desprezava as mulheres estéreis (*Gênesis* 30,2), e abençoava a procriação (*Deuteronômio* 7,14; *Salmos* 128,3-4). Mais uma vez, Deus entra na história humana pela porta dos fundos...

> Certa ocasião, Zacarias fazia o serviço religioso no Templo, pois era a vez do seu grupo realizar as cerimônias. Conforme o costume do serviço sacerdotal, ele foi sorteado para ingressar no Santuário e ofertar o incenso. Naquele momento, toda a assembleia do povo rezava do lado de fora.

Os 24 grupos sacerdotais se revezavam nas liturgias no Templo de Jerusalém (*1Crônicas* 24,7-19). Um dos sacerdotes do grupo era sorteado para ingressar no Santo dos Santos – o reduto mais sagrado do Templo – e aspergir incenso. Ora, esse privilégio acontecia, em geral, uma única vez na vida de um sacerdote comum, como Zacarias. Os fiéis ficavam do "lado de fora".

O biblista Marcelo Barros se pergunta: "Será que a maioria das religiões não mantém essa espécie de separação entre a casta sacerdotal e o povo? [...] Conforme os textos bíblicos, na época do *Êxodo* isso não teria sido assim. Não havia sacerdotes profissionais e a ceia pascal era celebrada nas casas comuns e deveria ser coordenada pelos pais e mães de famílias" (*Êxodo* 19). "Na carta atribuída a Pedro, esse texto do *Êxodo* foi retomado para as comunidades cristãs da época: 'Vocês devem se organizar como pedras vivas, sacerdócio santo'" (*1Pedro* 2,5)[2].

Os sacerdotes queimavam incenso no interior do Templo duas vezes por dia, nos sacrifícios matutinos e vespertinos (*Êxodo* 30,7-8).

Apareceu a Zacarias um anjo do Senhor. Estava de pé, à direita do altar do incenso. Ao vê-lo, Zacarias ficou perturbado e com muito medo. Mas o anjo disse: "Não tenha medo, Zacarias! Deus ouviu o seu pedido, e a sua esposa Isabel terá um filho, e você lhe dará o nome de João. Você ficará alegre e feliz, e muita gente se alegrará com o nascimento do menino, porque ele será grande diante do Senhor. Não beberá vinho nem bebida fermentada e desde o ventre materno ficará repleto do Espírito Santo. Ele reconduzirá muitos do povo de Israel ao Senhor seu Deus. Caminhará à frente deles, com o espírito e o poder de Elias, a fim de converter os corações dos pais aos filhos e os rebeldes à sabedoria dos justos, preparando para o Senhor um povo comprometido".

Anjo é uma alegoria para se referir a Deus. Como os hebreus jamais citavam ou escreviam o nome de Deus, por supremo respeito, a figura do anjo faz o papel de intermediário entre o sagrado e o profano.

Lucas escreveu seu evangelho mais de cinquenta anos após a ressurreição de Jesus, portanto já tinha ciência de quem havia sido João Batista, sabia inclusive que Marcos, em seu evangelho, compara João ao profeta Elias. E coloca na boca do anjo duas fortes características de João: a espiritualidade ascética ("Não beberá vinho nem bebida fermentada") e a missão de precursor, de quem preparou o caminho trilhado por Jesus ("Caminhará à frente deles, com o espírito e o poder de Elias, a fim de converter os corações

---

2. BARROS, M. *Boa notícia para todo mundo* – Conversa com o Evangelho de Lucas. Recife: Fasa, 2013, pp. 29-30.

dos pais aos filhos e os rebeldes à sabedoria dos justos, preparando para o Senhor um povo comprometido."). A consagração de João lembra a de Sansão (*Juízes* 13,4-7) e Samuel (*1Samuel* 1,11).

Vale observar que Zacarias ouviu o anúncio do nascimento de João Batista no Templo de Jerusalém, o mais sagrado recinto do judaísmo. Este, no entanto, nunca pisou no Templo. E, como veremos, foi na obscura aldeia de Nazaré – jamais citada no Primeiro Testamento – que Maria recebeu o anúncio do nascimento de Jesus, que frequentou o Templo.

Então Zacarias perguntou ao anjo: "Como saberei se isso é verdade? Sou velho, e minha mulher tem idade avançada". O anjo respondeu: "Eu sou Gabriel. Estou sempre na presença de Deus, e Ele mandou dar-lhe esta boa notícia. Porém, você ficará mudo e não poderá falar até o dia em que essas coisas acontecerem, porque não acreditou nas minhas palavras, que se cumprirão no tempo certo".

Como todos nós, Zacarias teve dúvida de fé: ficou mudo, para não passar sua insegurança aos fiéis.

O povo aguardava Zacarias, intrigado com a sua demora no Santuário. Quando saiu e não conseguia falar, todos compreenderam que tinha tido uma visão dentro do Santuário. Zacarias se expressava com sinais e permanecia mudo.

Após terminar seus dias de serviço no Santuário, Zacarias voltou para casa. Algum tempo depois, sua esposa, Isabel, ficou grávida, e se escondeu durante cinco meses. Ela dizia: "Eis o que o Senhor fez por mim nos dias em que se dignou tirar-me da humilhação pública!"

Na cultura judaica da época era uma maldição a mulher ser estéril. As mulheres inférteis eram consideradas seres desprezíveis. Seus maridos tinham o direito de ter outras esposas ou concubinas que lhes dessem filhos.

Como os demais evangelistas, Lucas escreveu seu relato de olho no espelho retrovisor, ou seja, recorrendo ao Primeiro Testamento para corroborar sua narrativa. Portanto, a fertilidade de uma idosa como Isabel faz paralelo com a de Sara, mulher do patriarca Abraão (*Gênesis* 21,1-7).

No sexto mês, Deus enviou o anjo Gabriel a uma cidade da Galileia chamada Nazaré. Ele foi a uma virgem prometida em casamento a um homem chamado José, descendente de Davi. O nome da virgem era Maria[3]. O anjo entrou onde ela se encontrava e disse: "Alegre-se, cheia de graça! O Senhor está com você!"[4] Ao ouvir isso, Maria ficou preocupada, e perguntou a si mesma o que a saudação significava. O anjo disse: "Não tenha medo, Maria, você encontrou graça diante de Deus. Eis que ficará grávida, terá um filho e dará a ele o nome de Emanuel[5]. Ele se destacará e será chamado Filho do Altíssimo[6]. O Senhor dará a ele o trono de seu pai Davi, e ele reinará para sempre sobre os descendentes de Jacó. E o seu reino não terá fim".

"No sexto mês" se refere à gravidez de Isabel. Lucas abre o evangelho fazendo um paralelo entre João Batista e Jesus. Sua narrativa é quase toda apoiada em citações implícitas do Primeiro Testamento. Como os demais evangelistas, ele escreve interessado em comprovar que tudo aquilo prometido no Primeiro Testamento se realizou com a presença de Jesus entre nós.

O anjo Gabriel foi enviado "a uma virgem". O termo hebraico escrito por Isaías para designar o que muitas bíblias traduzem

---

3. O nome Maria deriva de Míriam, substantivo composto de duas raízes: uma egípcia (*myr*) e outra hebraica (*yam*). *Myr* significa "a amada" e *yam* é abreviação de Yahvé, nome de Deus. Maria significa, portanto, "a amada de Deus".

4. Cf. *Sofonias* 3,14-17.

5. Cf. *Isaías* 7,14: "Eis que a virgem conceberá e dará à luz um filho, e chamará o seu nome Emanuel".

6. Cf. *Isaías* 7,14; 9,5-6.

por "virgem" é *"almah"*, que significa "moça" ou "jovem". O termo hebraico para "virgem" é *"bethulah"*. Para os católicos, Maria concebeu virgem e não teve filhos além de Jesus[7]; para os protestantes, Maria concebeu como toda mãe e teve outros filhos, aliás citados nos evangelhos (*Marcos* 6,3; *Mateus* 13,55-56).

Maria perguntou ao anjo: "Como acontecerá isso, se não vivo com nenhum homem?" O anjo respondeu: "O Espírito Santo virá sobre você, e o poder do Altíssimo a cobrirá com sua sombra. Por isso, o santo que nascerá de você será chamado Filho de Deus. Veja a sua parenta Isabel: apesar da velhice, concebeu um filho. Aquela que era considerada estéril, está grávida há seis meses. Para Deus nada é impossível"[8]. Maria exclamou: "Eis a serva do Senhor. Faça-se em mim segundo a sua palavra". E o anjo a deixou.

Como comprovam os evangelhos, e Lucas reitera, Maria e José eram noivos, ainda não estavam casados. Porém, Maria haveria de engravidar pelo Espírito Santo que a "cobrirá com a sua sombra". Essa metáfora da sombra como analogia da presença de Deus é frequente no Primeiro Testamento (*Êxodo* 40,35; *Números* 9,18.22).

"O texto é formado segundo o modelo de várias cenas do Antigo Testamento, das quais ele retoma a estrutura, os temas e as fórmulas: aparições de anjos (*Juízes* 13; *Deuteronômio* 10,7.12.19); anúncio do nascimento de crianças providenciais (*Gênesis* 16; 17; 18; *Juízes* 13; *Isaías* 7,14); vocações: 'o Senhor está contigo' (*Êxodo* 3,12; *Josué* 1,5.9; *Juízes* 6,12; *Jeremias* 1,8.19; 15,20); oráculos messiânicos (*Isaías* 7,14; 9,5-6)"[9].

---

7. Em 1854, o papa Pio IX proclamou o dogma da imaculada conceição de Maria, ou seja, ela teria se mantido virgem durante e após o parto. Muitos teólogos debatem se a virgindade reside no coração ou em um detalhe anatômico.

8. Cf. *Gênesis* 18,14.

9. GEORGE, A. *Leitura do Evangelho segundo Lucas*. 2. ed. São Paulo: Paulinas, 1984, p. 19.

> Naqueles dias, Maria partiu para a região montanhosa; dirigiu-se às pressas a uma cidade da Judeia. Entrou na casa de Zacarias e saudou Isabel. Ao ouvir a saudação de Maria, a criança se agitou no seu ventre, e Isabel ficou repleta do Espírito Santo. Com um grande grito exclamou: "Você é bendita entre as mulheres[10], e é bendito o fruto do seu ventre! Como posso merecer que a mãe do meu Senhor venha me visitar? Logo que a sua saudação chegou aos meus ouvidos, a criança saltou de alegria em meu ventre. Bem-aventurada aquela que acreditou, porque haverá de acontecer o que o Senhor lhe prometeu".

Todo o relato evangélico de Lucas é marcado pela presença de mulheres. Neste início, ele registra o encontro das duas primas grávidas: Isabel, mãe de João Batista, e Maria, mãe de Jesus. Toda a narrativa espelha o relato de Davi e a Arca da Aliança (*2Samuel* 6; cf. tb. *1-2Crônicas*). Assim como a arca continha a presença de Deus, Maria traz em seu ventre o próprio Deus. Por isso, tradições litúrgicas e teológicas da Igreja se referem a Maria como "Arca da Nova Aliança".

A gravidez de Isabel e a expressão "a criança se agitou em seu ventre" evocam a experiência de Rebeca, mulher de Isaac e mãe de Esaú e Jacó (*Gênesis* 25).

> Então, Maria exclamou: "Minha alma proclama a grandeza do Senhor, meu espírito se alegra em Deus, meu salvador,
> porque olhou para a humilhação de sua serva.
> Doravante todas as gerações me felicitarão, porque o Todo-poderoso realizou grandes obras em meu favor:
> seu nome é santo, e sua misericórdia se estende aos que o temem, de geração em geração.
> Ele realiza proezas com seu braço: dispersa os soberbos de coração,

---

10. Expressões ditas a Jael e Judite no Primeiro Testamento (*Juízes* 5,24-27; *Judite* 13,18).

derruba os poderosos de seus tronos
e liberta os humildes;
aos famintos enche de bens
e despede os ricos de mãos vazias.
Socorre Israel, seu servo,
lembrando-se de sua misericórdia, conforme
prometera aos nossos pais
em favor de Abraão e de sua descendência para
sempre".

Esse cântico de Maria é conhecido como *Magnificat*, palavra latina que significa "engrandece" ou "enaltece". Trata-se de uma oração de louvor de conteúdo nitidamente subversivo. Foi inspirado no *Cântico de Ana* (*1Samuel* 2,1-10).

Primeiro, Maria bendiz as maravilhas que Deus operou nela; em seguida, o efeito libertador na vida do povo ao descrever o projeto de Deus na história humana: abater os soberbos; derrubar os poderosos de seus tronos; libertar os oprimidos; saciar de bens os famintos; e despedir os ricos de mãos vazias.

Note-se que Maria, junto de Isabel, agradece a Deus por ter olhado para a sua "humilhação", e não para a sua "humildade". Ela não expressa louvor por Javé reconhecer nela alguma virtude, e sim por livrar as mulheres de uma situação de opressão. Naquela sociedade, elas eram consideradas impuras, sem direitos, desprezadas, proibidas de falar em público, seres de segunda classe.

É tão contundente esse "manifesto" mariano que durante a ditadura militar um sacerdote francês, que atuava como missionário no Brasil, foi acusado de subversivo por terem encontrado na casa dele um panfleto com a letra do *Magnificat*. Quando disse ao tribunal militar que se tratava do cântico de Nossa Senhora, o juiz e os oficiais do tribunal, envergonhados pela ignorância, ficaram constrangidos.

É sintomático que Lucas tenha incluído esse "manifesto" de Maria no início de seu evangelho. É como um editorial que marca todo o seu relato. É uma afirmação clara de que a presença de Jesus entre nós é para subverter as relações injustas entre poderosos e oprimidos.

O que o *Magnificat* nos diz do projeto de Deus que Jesus veio implantar? Deus não escolheu uma rainha, como Cleópatra, que foi uma das nove esposas do rei Herodes. Ao contrário, escolheu uma pobre camponesa da insignificante Nazaré, aldeia jamais citada no Primeiro Testamento.

E qual o projeto de Deus por meio de Jesus? Desarticular os arrogantes, derrubar do poder os opressores, libertar os oprimidos e promover a socialização das riquezas: os despossuídos, como os famintos, ficarão repletos de bens; e os ricos, de mãos vazias. É uma inversão total das relações sociais.

> Maria ficou três meses com Isabel; e depois voltou para casa.
> Terminado para Isabel o tempo de gravidez, ela deu à luz um filho. Os vizinhos e parentes ouviram dizer como o Senhor foi misericordioso com Isabel, e se alegraram com ela. No oitavo dia, foram circuncidar o menino, e queriam dar-lhe o nome de seu pai, Zacarias. A mãe, porém, disse: "Não! Ele se chamará João". Os outros objetaram: "Você não tem parente com esse nome!" Então fizeram sinais ao pai para perguntar como queria que o menino se chamasse. Zacarias pediu uma pequena tábua e escreveu: "O nome dele é João". E todos ficaram admirados. No mesmo instante, a boca de Zacarias se abriu, sua língua se soltou e ele começou a louvar a Deus. A notícia se espalhou por toda a região montanhosa da Judeia. Os vizinhos ficaram com medo e todos que ouviam a notícia, cogitavam: "O que será que esse menino vai ser?" De fato, a mão do Senhor estava com ele.

O batismo judaico de homens é marcado pela circuncisão, que consiste em tirar o prepúcio ou pele que envolve a glande, a parte superior do pênis. Segundo o *Gênesis* (17,23-27), Abraão, aos 99 anos, e seu filho Ismael, aos 13, foram circuncidados. A circuncisão é uma medida higiênica, que evita enfermidades.

O pai, Zacarias, cheio do Espírito Santo, profetizou ao exclamar: "Bendito seja o Senhor, Deus de Israel, porque visitou e redimiu o seu povo.
Fez aparecer uma força de salvação na casa de Davi, seu servo;
conforme tinha anunciado, desde outrora, pela boca de seus santos profetas.
É a salvação que nos livra de nossos inimigos e da mão de todos que nos odeiam.
Ele realizou a misericórdia que teve com nossos pais, ao recordar sua santa aliança e o juramento que fez ao nosso pai Abraão.
Para conceder-nos que, livres do medo e arrancados das mãos dos inimigos, o sirvamos com santidade e justiça, em sua presença, todos os nossos dias.
E a você, menino, chamarão de profeta do Altíssimo, porque irá à frente do Senhor para preparar-lhe os caminhos,
e anunciar, ao seu povo, a salvação e o perdão dos pecados.
Graças ao misericordioso coração do nosso Deus, o sol que nasce do alto nos visitará,
para iluminar os que vivem nas trevas e nas sombras da morte;
e guiar nossos passos no caminho da paz".
O menino crescia e seu espírito se fortalecia. João viveu no deserto até o dia em que se manifestou a Israel.

O *Benedictus* (palavra latina para bendito) é um hino de louvor que incorpora versículos do Primeiro Testamento que retratam a história dos hebreus.

Capítulo 2

Naqueles dias, o imperador Augusto decretou o recenseamento em todo o Império. O primeiro recenseamento foi feito quando Quirino governava a Síria. Todos deveriam se registrar, cada um em sua cidade natal.

Augusto fundou o Império Romano, que governou de 27 a.C. a 14 d.C. Quirino governou a Síria até 12 d.C., e tinha também poderes sobre a Judeia. De novo, Lucas contextualiza politicamente a militância de Jesus.

Segundo Marcelo Barros, "na cultura judaica da época, recenseamento é um ato pecador porque, querendo apossar-se do nome de cada pessoa, o rei opressor desrespeita o mais profundo do ser que depende só de Deus: sua identidade humana. Basta lembrarmos como a Bíblia conta que foi castigado o rei Davi por ter pretendido recensear seu povo (*2Samuel* 24,10). O Império Romano fazia recenseamentos de cinco em cinco anos, mas todos os povos temiam isso e os judeus o odiavam porque sempre significava aumentos de taxas e impostos"[11].

> José, da família e descendência de Davi, subiu da cidade de Nazaré, na Galileia, até a cidade de Davi, chamada Belém, na Judeia, para se registrar com Maria, sua esposa, que estava grávida. Ali se completaram os dias para o parto, e Maria deu à luz o seu filho primogênito. Ela o enfaixou e o colocou numa manjedoura, pois não havia lugar para eles dentro das casas.

---

11. BARROS, M. *Boa notícia para todo mundo. Op. cit.*, p. 39.

Os habitantes deveriam ser recenseados na localidade de seus ancestrais.

Belém, que fica a 90km de Nazaré, hoje é uma cidade habitada predominantemente por palestinos. O profeta Miqueias (5,2) profetizou, oitocentos anos antes de Cristo, que o Messias nasceria em Belém; e José era da linhagem de Davi. Assim, Lucas toma a liberdade literária, por razões teológicas, de fazer Jesus nascer em Belém, embora historicamente tenha nascido em Nazaré.

Por que será que "não havia lugar para eles dentro das casas", o que obrigou Maria a dar à luz em um curral? É provável que tenha sido porque Maria e José não estavam legitimamente casados, eram noivos. Por isso, os familiares dele rejeitaram o casal. Já na descrição do nascimento de Jesus, Lucas ressalta a identificação do Nazareno com os excluídos.

> Naquela região havia pastores que passavam a noite nos campos para tomar conta do rebanho. Um anjo do Senhor apareceu-lhes; a glória do Senhor os envolveu em luz, e eles ficaram com muito medo. Mas o anjo lhes disse: "Não tenham medo! Anuncio a vocês a Boa Notícia, que será uma grande alegria para todo o povo: hoje, na cidade de Davi, nasceu para vocês um Salvador, o Messias, o Senhor. Isto lhes servirá de sinal: vocês encontrarão um recém-nascido envolto em faixas e deitado numa manjedoura".
> Súbito, juntou-se ao anjo uma grande multidão de anjos. Cantavam louvores a Deus e exclamavam: "Glória a Deus no mais alto dos céus, e paz na terra aos homens por Ele amados".

Nem Marcos nem Mateus chamam Jesus de "Salvador". Isso reflete a cultura grega de Lucas. No mundo helenístico, esse qualificativo é atribuído aos "deuses salvadores" e aos césares divinizados, como foi o caso de Augusto, que implantou a *Pax Romana*.

Quando os anjos se afastaram e retornaram ao céu, os pastores combinaram entre si: "Vamos a Belém ver esse acontecimento que o Senhor nos revelou".

Foram então, às pressas, e encontraram Maria e José, e o recém-nascido deitado na manjedoura. Então, contaram o que o anjo lhes anunciara sobre o menino. E todos os que ouviam os pastores ficaram maravilhados. Maria meditava sobre esses fatos em seu coração. Os pastores, na volta, glorificaram e louvaram a Deus por tudo o que haviam visto e ouvido, conforme o anjo lhes tinha anunciado.

Pastores eram desprezados pelas autoridades religiosas do Templo de Jerusalém por se dedicarem ao cuidado de animais. Primeiras testemunhas da presença de Deus entre nós, viram o Menino em um curral, acomodado em um cocho.

A alusão de que Maria "conservava todos esses fatos e meditava sobre eles em seu coração" sugere que Lucas teve nela uma das principais fontes sobre a militância de Jesus.

Ao se completarem os oito dias para a circuncisão do menino, deram-lhe o nome de Jesus, como fora chamado pelo anjo antes de ser concebido.

Terminados os dias da purificação, conforme a Lei de Moisés, levaram o menino a Jerusalém, a fim de apresentá-lo ao Altíssimo, como está escrito na Lei: "Todo primogênito de sexo masculino será consagrado ao Senhor"[12]. Foram também para oferecer, em sacrifício, um par de rolas ou dois pombinhos, em obediência à Lei.

Lucas reflete a consagração de Samuel no Primeiro Testamento, quando seus pais, no Templo, o oferecem a Deus para se tornar sacerdote (*1Samuel* 1,11.22; 1,24-27).

Como eram pobres, Maria e José só tinham recursos para comprar animais baratos.

---

12. *Êxodo* 13,2.

Havia em Jerusalém um homem chamado Simeão. Era justo e piedoso. Esperava a consolação de Israel, e o Espírito Santo estava com ele, tinha lhe revelado que não morreria sem primeiro ver o Messias prometido pelo Senhor. Movido pelo Espírito, Simeão foi ao Templo.

De Simeão sabemos apenas o que Lucas informa: justo e piedoso. Vivia em Jerusalém e, como todos nós, era habitado pelo Espírito Santo. Tudo indica que já era idoso.

Quando os pais levaram o menino Jesus para cumprirem as prescrições da Lei, Simeão tomou o menino nos braços e louvou a Deus: "Agora, Senhor, conforme a sua promessa, pode deixar o seu servo partir em paz. Porque meus olhos viram a salvação preparada diante de todos os povos: luz para iluminar as nações e glória do seu povo, Israel".

O pai e a mãe estavam maravilhados com o que se dizia do menino: "Eis que este menino será causa de queda e elevação de muitos em Israel. Ele será um sinal de contradição. Quanto a você, uma espada há de atravessar-lhe a alma. Assim serão revelados os pensamentos de muitos corações".

O oráculo de Simeão é uma colcha de retalhos (= versículos) tomados do livro do profeta Isaías.

Mais de 2 mil anos após a presença de Jesus entre nós, sabemos que a profecia de Simeão se confirmou: Jesus é, ainda hoje, sinal de contradição. Ricos e pobres, opressores e oprimidos, querem se apropriar dele. E suas palavras e atitudes nos evangelhos incomodam muita gente. Em *Isaías* (8,14) é dito que Ele será "pedra de tropeço e rocha de escândalo".

No final, Simeão se dirigiu a Maria, e prenunciou que "uma espada há de atravessar-lhe a alma", ou seja, ela haveria de sofrer muito diante do que Jesus enfrentaria como consequência de sua atuação.

Havia também uma profetisa chamada Ana, de idade muito avançada. Filha de Fanuel, da tribo de Aser, casara bem jovem e vivera sete anos com o marido. Depois ficou viúva e viveu assim até os 84 anos. Nunca deixava o Templo, onde servia a Deus noite e dia, com jejuns e orações. Ela chegou no momento do batismo, louvava a Deus e falava do menino a todos que ansiavam pela libertação de Jerusalém. Quando Maria, José e Jesus acabaram de cumprir todos os ritos, conforme a Lei do Senhor, voltaram para Nazaré, sua cidade, situada na Galileia. O menino crescia e ficava forte, cheio de sabedoria. E a graça de Deus estava com Ele.

Sobre Ana, filha de Fanuel, que significa "face de Deus", o relato de Lucas nos informa mais do que a respeito de Simeão.

Embora a Igreja Católica não valorize as mulheres e impeça-lhes o acesso ao sacerdócio, na Bíblia há várias profetisas, como Maria (*Êxodo* 15,20), Débora (*Juízes* 4,4) e Hulda (*2Reis* 22,14). Outras profetisas são mencionadas no Novo Testamento (*Atos dos Apóstolos* 21,9).

Lucas anota que "o menino crescia e ficava forte, cheio de sabedoria". Portanto, Jesus, como todos nós, evoluiu de acordo com a idade e a cultura que assimilou.

Os pais de Jesus, todos os anos, iam a Jerusalém para a festa da Páscoa. Quando o menino completou 12 anos, subiram para a festa, como de costume. Passados os dias da Páscoa, voltaram, mas o menino Jesus permaneceu em Jerusalém sem que os pais percebessem. Supondo que o menino estivesse na caravana, caminharam um dia inteiro. Depois, passaram a buscá-lo entre parentes e conhecidos. Não o encontrando, voltaram a Jerusalém à procura dele. Três dias depois, acharam o menino no Templo. Sentado no meio dos doutores, ele escutava e fazia perguntas.

Maria e José, como inúmeros judeus, todos os anos compareciam às três grandes festas religiosas em Jerusalém: Páscoa, que celebra a passagem da escravidão no Egito para a libertação na Palestina[13]; Pentecostes (festa das colheitas). A palavra deriva de "penta" (50 dias depois da Páscoa); e Tendas (que comemora os 40 anos de travessia do deserto e a fragilidade do povo, abrigado em acampamentos).

Assim como ocorre hoje no santuário de Aparecida (SP), os romeiros iam em caravanas para as festas religiosas. Na época de Jesus, a pé ou montados em animais, mas sempre em grupos, os adultos cuidavam das crianças. Por isso, Maria e José só se deram conta do sumiço de Jesus 24 horas após deixarem Jerusalém. A distância entre Nazaré e Jerusalém é de 150km.

Como a cidade, de 20 mil habitantes, tinha sua população multiplicada para até 100 mil na época das grandes festas, Maria e José só encontraram Jesus após três dias de buscas. As aulas no Templo adotavam o sistema de debates, eram menos "bancárias", como diria Paulo Freire, do que nas nossas atuais escolas.

> Todos que ouviam o menino estavam maravilhados com a inteligência de suas respostas. Ao vê-lo, seus pais ficaram emocionados. Sua mãe lhe disse: "Meu filho, por que fez isso conosco? Olhe que seu pai e eu estávamos angustiados, à sua procura". Jesus respondeu: "Por que me procuravam? Não sabiam que devo abraçar a missão que meu Pai me confiou?" Mas eles não compreenderam o que o menino acabava de lhes dizer.

Maria, como toda mãe, repreendeu o filho que se desprendeu da caravana de romeiros sem dar satisfações. Muitos romeiros

---

13. O que para os hebreus é tido como "libertação", para os palestinos é tido como "invasão".

acampavam fora dos muros da cidade santa e, por vezes, crianças eram raptadas por beduínos para serem vendidas como escravas.

Lucas se contradiz ao anotar que Maria e José não compreenderam a justificativa de Jesus. Ele não descrevera o anúncio do anjo de que ela seria mãe do "Filho do Altíssimo"? Jesus desceu então com seus pais para Nazaré, e permaneceu obediente a eles. Sua mãe conservava no coração todas essas coisas. Jesus crescia em sabedoria, em estatura e graça, diante de Deus e dos homens.

Lucas observa que, após a repreensão em Jerusalém, Jesus não teria cometido mais desobediências. E assinala que Ele, como todos nós, evoluía com a idade, "crescia em sabedoria (conhecimentos), em estatura (ganhava altura) e graça (aprofundava a espiritualidade)"[14]. Portanto, embora fosse a presença de Deus entre nós, não nasceu completo.

---

14. A descrição de Lucas lembra o amadurecimento do jovem Samuel (*1Samuel* 2,26).

31

Capítulo 3

Fazia quinze anos que Tibério era imperador de Roma. Pôncio Pilatos governava a Judeia; Herodes, a Galileia; seu irmão Filipe, a Itureia e a Traconítide; e Lisânias, a Abilene. Anás e Caifás eram sumos sacerdotes. Foi nesse tempo que Deus enviou a sua palavra a João, filho de Zacarias, no deserto.

Imagine em uma catedral o pregador, no púlpito, iniciar assim: "Faz três anos que fulano é presidente do Brasil, beltrano preside os Estados Unidos; e sicrano, a China". É possível que alguma alma piedosa protestasse por considerar a pregação "mera politicagem". Ora, é justamente o que faz Lucas. Antes de ampliar seu relato sobre Jesus, ele o contextualiza politicamente. A única diferença com o suposto pregador da catedral é de momento histórico.

Tibério Cláudio Nero César viveu 78 anos (42 a.C.-37 d.C.) e foi imperador romano do ano 14 d.C. até a sua morte. Portanto, governou ao longo de 23 anos. A condenação e morte de Jesus se deu sob o seu reinado. O décimo quinto ano de seu reinado equivale ao ano 29 de nossa era.

Pilatos, interventor romano, governou a Judeia, Samaria e Idumeia do ano 26 a 36.

Herodes Antipas, filho do rei Herodes, governou a Galileia e a Pereia desde a morte de seu pai, em 4 a.C., até o ano 39. Decretou o assassinato de João Batista e foi cúmplice de Pilatos na condenação de Jesus.

Filipe, irmão de Antipas, governou a Traconítide, região ao sul de Damasco, atualmente incorporada à Síria, e a Itureia, que ficava na Transjordânia, região das Colinas de Golã, hoje disputadas por Israel e Síria[15].

Lisânias foi tetrarca de Abilene, região a noroeste de Damasco e, atualmente, incorporada à Síria.

Anás e Caifás eram sumos sacerdotes, ou seja, detinham o poder na Judeia, embora submetidos à autoridade de Pilatos. Anás era sogro de Caifás e exerceu o poder em Jerusalém do ano 6 ao 15. Quando Jesus foi julgado e condenado, a função executiva de sumo sacerdote estava em mãos de Caifás que, como líder do Sinédrio judaico, exerceu o poder de 18 a 36 d.c.[16]

> João percorria toda a região do rio Jordão, onde pregava um batismo de conversão para o perdão dos pecados, conforme está escrito no livro do profeta Isaías: "Esta é a voz daquele que grita no deserto: preparem o caminho do Senhor, endireitem suas estradas. Todo vale será aterrado, toda montanha e colina serão aplainadas; as estradas curvas ficarão retas, e os caminhos esburacados serão nivelados. E todo homem verá a libertação trazida por Deus"[17].

A mensagem de João, sugerida pelo profeta Isaías 700 anos antes, era nitidamente de caráter político. Usa metáforas que implicam combater as desigualdades sociais e resgatar a dignidade de todo ser humano. "Todo homem verá a libertação trazida por

---

15. As Colinas de Golã, território sírio até 1967, foram ocupadas por Israel na Guerra dos Seis Dias e, em 1981, anexadas. A anexação não foi reconhecida pela ONU, e o Conselho de Segurança determinou que a soberania israelense sobre a área fosse tornada sem efeito legal. A Síria não conseguiu recuperar o controle sobre as Colinas de Golã na Guerra do Yom Kippur, de 1973, que terminou com um armistício em 1974 e a presença de uma força armada de observação da ONU ao longo da linha de cessar-fogo.

16. O Grande Sinédrio era uma assembleia de juízes que constituía a corte e legislativo supremos da antiga Israel.

17. Cf. *Isaías* 40,3-5.

Deus" indica que João preconizava uma libertação universal, e não exclusiva para o povo judeu.

João Batista dizia às multidões a serem batizadas por ele: "Raça de cobras venenosas, quem lhes ensinou a fugir da ira que virá? Façam coisas para provar que vocês se converteram, e não comecem a pensar: 'Abraão é nosso pai'. Porque lhes afirmo: até dessas pedras Deus pode fazer nascer filhos de Abraão. O machado já está posto na raiz das árvores. E toda árvore que não der bom fruto será cortada e jogada no fogo".

A linguagem de João era apocalíptica, de quem vislumbra para breve a manifestação do Reino de Deus e o julgamento dos opressores. Criticava aqueles que tinham fé em Deus, os "filhos de Abraão", mas nada faziam para construir o mundo que Deus quer. "Façam coisas", levem suas convicções à prática! O machado é o julgamento divino, que João considerava iminente. A raiz das árvores é Abraão. Mas João avaliava que nem sempre elas produziam bons frutos, como era o caso de fariseus e saduceus. Portanto, o machado – a palavra de Deus – iria cortá-las e descartá-las. Jesus seria a nova raiz de uma nova árvore.

As multidões perguntavam a João: "O que devemos fazer?" Ele respondia: "Quem tiver duas túnicas, dê uma a quem não tem. E quem tiver comida, faça a mesma coisa".

Alguns cobradores de impostos também quiseram ser batizados e indagaram: "Mestre, o que devemos fazer?" João respondeu: "Não cobrem nada além da taxa estabelecida". Alguns soldados também perguntaram: "E nós, o que devemos fazer?" Ele respondeu: "Não torturem ninguém; não façam acusações falsas, e fiquem contentes com o salário de vocês".

Pela pregação de João podemos deduzir como a nossa sociedade não difere muito daquela em que ele e Jesus viveram. Havia fiscais de renda que extorquiam dinheiro dos contribuintes; soldados que torturavam prisioneiros, levantavam falsos testemunhos para incriminar inocentes, apropriavam-se de bens alheios para multiplicar seus rendimentos.

Uma ocasião, a viúva de um bombeiro me contou que seu marido e colegas dele, ao combater incêndios, costumavam embolsar dinheiro e objetos de valor encontrados nos recintos ameaçados pelo fogo...

Diante das palavras de João, as pessoas concluíam que mais importante do que saber "em que devemos crer", era "o que devemos fazer". A práxis é o critério da verdade. E João reagia com exemplos bem concretos: socializar os bens! Assegurar aos necessitados melhores condições de vida! Ter ética na atividade profissional!

O povo esperava o Messias. E todos perguntavam a si mesmos se João não seria o Messias. Por isso, João declarou a todos: "Eu batizo vocês com água. Mas chegará alguém mais forte do que eu. Não sou digno sequer de desamarrar as correias das sandálias dele. Ele é quem batizará vocês com o Espírito Santo e com fogo. Ele terá na mão uma pá; vai limpar sua eira e recolher o trigo no seu celeiro; mas a palha, ele a queimará no fogo que não se apaga"[18].

Na Bíblia, o fogo significa o poder purificador de Deus (*Deuteronômio* 4,24; *Eclesiástico* 2,5; *Atos dos Apóstolos* 2,3-4). João, com a sua ideologia apocalíptica, descrevia a vinda do Messias coincidindo com o Juízo Final que haveria de separar "o trigo" (os bons) da "palha" (os maus).

João anunciava ao povo a Boa Notícia do Reino de muitos outros modos. Repreendeu o governador Herodes, porque se casara com Herodíades, ex-mulher de seu irmão, e praticara muitas

---

18. Na colheita do trigo usava-se uma pá bifurcada que atirava as espigas para o alto, de modo que o vento levasse a palha, enquanto os grãos caíam para serem recolhidos e armazenados.

outras injustiças. Depois fez ainda pior: mandou prender e assassinar João (*Marcos* 6,14-29; *Mateus* 14,1-12).

> Todo o povo foi batizado. Jesus, após ser batizado, se entregou à oração. Súbito, o céu se abriu e o Espírito Santo desceu sobre Ele em forma corpórea como pomba. E do céu veio uma voz: "Tu és o meu Filho amado! Em ti encontro o meu agrado"[19].

Jesus era homem de oração. Há quem suponha que, por ser Deus, não precisava orar, pois teria uma ligação direta com o Pai/Mãe. Ora, nada mais falso. Homem como todos nós, Jesus também tinha que recorrer a um dos meios mais eficazes para alimentar a fé: a oração. Porque tinha fé como nós temos. Tanto que passou por crises de fé (*Marcos* 15,34).

"No mundo de Jesus não existia oração em voz baixa. Textos rabínicos nos informam que, às vezes, se pedia às pessoas no Templo que 'não rezassem tão alto'; em hebraico, o verbo 'rezar', 'orar', tem o significado de 'gritar'. Os discípulos devem ter ouvido Jesus rezar em voz alta", escreve o exegeta A. George[20].

Na Bíblia, a pomba significa paz, como para Noé (*Gênesis* 8,8.10); pureza (*Salmos* 68,13); presença do Espírito de Deus (*Gênesis* 1,2). E a declaração de amor de Deus a Jesus é um dos mais belos versículos bíblicos!

> Jesus tinha cerca de 30 anos quando começou sua atividade pública. E, conforme se supunha, era filho de José, filho de Eli, filho de Matat, filho de Levi, filho de Melqui, filho de Janai, filho de José, filho de Matatias, filho de Amós, filho de Naum, filho de Esli, filho de Nagai, filho de Maat, filho de Matatias, filho de Semein, filho de José, filho de Jodá, filho de Joanã, filho de Ressa, filho de Zorobabel,

---

19. Cf. *Salmos* 2,7.
20. Cf. *Leitura do Evangelho segundo Lucas. Op. cit.*, p. 56.

filho de Salatiel, filho de Neri, filho de Melqui, filho de Adi, filho de Cosã, filho de Almadã, filho de Her, filho de Jesus, filho de Eliezer, filho de Jorim, filho de Matat, filho de Levi, filho de Simeão, filho de Judá, filho de José, filho de Jonã, filho de Eliacim, filho de Meleia, filho de Mená, filho de Matatá, filho de Natã, filho de Davi, filho de Jessé, filho de Obed, filho de Booz, filho de Salá, filho de Naasson, filho de Aminadab, filho de Admin, filho de Arni, filho de Esron, filho de Farés, filho de Judá, filho de Jacó, filho de Isaac, filho de Abraão, filho de Taré, filho de Nacor, filho de Seruc, filho de Ragau, filho de Faleg, filho de Éber, filho de Salá, filho de Cainã, filho de Arfaxad, filho de Sem, filho de Noé, filho de Lamec, filho de Matusalém, filho de Henoc, filho de Jared, filho de Malaleel, filho de Cainã, filho de Enós, filho de Set, filho de Adão, filho de Deus.

Lucas e Mateus são os únicos evangelistas que descrevem a genealogia de Jesus. Listas genealógicas são comuns na Bíblia, como o comprovam os livros *Gênesis* e *Crônicas*. Embora Lucas seja mais "feminista" do que Mateus, nenhuma mulher aparece em sua genealogia, nem mesmo Maria, pois abre a lista registrando que Jesus era "filho de José".

Note-se que, ao contrário da genealogia descrita no *Evangelho de Mateus*, que vai de Abraão a Jesus, passando por Davi, a de Lucas faz o percurso inverso e é bem mais ampla, vai de Jesus a Deus. Isso reflete o progressivo amadurecimento da fé nas comunidades primitivas. Desde que, devido à ressurreição, admitiram a divindade de Jesus, uma pergunta pairava no ar: quando Deus assumiu o Nazareno como seu filho? A resposta de Marcos, no primeiro evangelho escrito, parece ser – do momento em que foi batizado por João. Marcos não registra genealogia de Jesus, nem cita o seu nascimento e a sua infância. Jesus aparece em seu evangelho já com cerca de 30 anos.

No *Evangelho de Mateus*, a genealogia se estende de Abraão a Jesus, ou seja, no filho de Maria e José, o povo hebreu atinge a sua culminância. O que significa que houve avanço na maturidade da fé: Deus assumiu Jesus como seu filho quando Ele nasceu na manjedoura. Agora, Lucas abre ainda mais o leque: Jesus é Deus sempre, sua trajetória remonta ao próprio Javé.

Enquanto Mateus destaca Jesus como descendente de Davi, Lucas prefere ressaltar que é descendente de Adão, ou seja, incorpora todo o gênero humano. É o novo Adão! Enquanto a genealogia de Mateus fica restrita ao povo hebreu, a de Lucas abarca toda a humanidade.

Lucas registra que Jesus "tinha 30 anos" ao iniciar sua militância. Na época, os judeus consideravam a idade da maturidade. Davi também foi sagrado rei aos 30 anos (*2Samuel* 5,4).

Capítulo 4

Jesus, ao retornar do rio Jordão repleto do Espírito Santo, foi conduzido ao deserto. Ali, o diabo[21] o tentou durante quarenta dias. Não comeu nada naqueles dias e, mais tarde, sentiu fome. Então o diabo disse a Jesus: "Se és Filho de Deus, manda que esta pedra se torne pão". Jesus respondeu: "A Escritura diz: 'Não só de pão vive o homem'".

Na cultura hebraica, os números são emblemáticos. Jesus jejuou "quarenta dias" – número associado à provação. Quarenta foram os dias do Dilúvio (*Gênesis* 7,4.17); do jejum de Moisés no Monte Sinai (*Êxodo* 34,28); dos anos de travessia do deserto após a saída do Egito (*Deuteronômio* 8,2); da dominação dos israelitas pelos filisteus (*Juízes* 13,1); do jejum de Elias (*1Reis* 19,8); da oportunidade de a população de Nínive se arrepender após a pregação de Jonas (3,4).

As tentações de Jesus são polissêmicas, ou seja, comportam várias leituras. E abarcam três esferas fundamentais de nossa vida: a economia (pão), a política (poder) e a religião (proteção). Uma das leituras, ainda muito rara nos estudos bíblicos, é sobre a primeira tentação: Jesus resistiu a não desrespeitar o meio ambiente (a pedra) para transformá-lo em objeto de consumo (o pão). E um dos fatores de maior devastação da natureza decorre, exatamente, da atividade extrativa que transforma bens da natureza em matéria--prima para objetos de consumo e, em especial, de produtos caros e sofisticados, supérfluos, desnecessários à dignidade humana.

---

21. Como a cultura semita não raciocina por abstrações, o diabo é uma figuração do mal. Deus não tem concorrente.

A tentação vem logo após o batismo no Jordão, quando Deus se manifestou: "Tu és o meu Filho amado!" O diabo, espertamente, tenta suscitar vaidade em Jesus: "Se és Filho de Deus"... Mas sem êxito. O desafio de transformar pedra em pão é a tentação de resolver os problemas pela via do milagre. Como Jesus "não comeu nada naqueles dias", relata Lucas, se cedesse à proposta diabólica resolveria o *seu* problema, e não o da fome de todo um povo. Jesus se recusou a buscar uma solução extraordinária para a carência que o afligia. Não quis fazer milagre em benefício próprio. Mais tarde, faria vários, mas sempre em proveito dos outros. Sua proposta, como veremos adiante, era lançar as sementes de um novo projeto político que assegurasse vida digna a todo o povo.

O diabo levou Jesus a um ponto alto. Mostrou-lhe, por um instante, todos os reinos do mundo. E lhe disse: "Te darei todo o poder e a riqueza desses reinos, porque tudo isso foi entregue a mim, e posso dá-lo a quem eu quiser. Portanto, se ajoelhares diante de mim, tudo isso será teu". Jesus retrucou: "A Escritura diz: 'Adorará o Senhor seu Deus, e somente a Ele servirá'".

A segunda tentação é uma crítica implícita ao Império Romano, cujos imperadores eram adorados como seres de natureza divina. E tinham o poder de transferir territórios do reino ao governo de soberanos vassalos, como fizeram com a Palestina. Jesus se recusou a sacralizar o poder político. E ao agir assim, relativizou-o.

Nessa metáfora do diabo, o que transparece é que Jesus foi tentado a não assumir o projeto que Deus lhe confiou – de empoderar todo o povo, e não somente a si mesmo.

Eis a tentação na qual tantos políticos incorrem: a de considerar o poder que lhes foi confiado pela vontade popular como um bem que pertence exclusivamente a eles. E, assim, julgam que têm direito de usar esse poder para oprimir, roubar da máquina estatal, praticar o nepotismo, favorecer amigos e aliados corporativos. Quem assim age é porque se ajoelhou aos pés do diabo! Jesus se negou a abraçar um projeto próprio de poder em detrimento daquele que Deus lhe confiou.

> Em seguida, o diabo levou Jesus a Jerusalém, colocou-o na parte mais alta do Templo e lhe disse: "Se és Filho de Deus, joga-te daqui para baixo. Porque a Escritura diz: 'Deus ordenará aos seus anjos a teu respeito, que te guardem com cuidado'. E mais ainda: 'Eles te levarão nas mãos, para que não tropeces em nenhuma pedra'". Mas Jesus respondeu: "A Escritura diz: 'Não tente o Senhor seu Deus'".
> Tendo esgotado todas as formas de tentação, o diabo se afastou de Jesus, para voltar no tempo oportuno.

Essa terceira tentação questiona o uso das Escrituras sagradas para provocar o mal, tão comum nos dias de hoje. Jesus, no entanto, não se deixou seduzir. Seu projeto político não era de dominação, na linha do que propôs o maligno, e sim de serviço, na linha do que expressa o *Cântico de Maria* (*Magnificat*).

Jesus também não se deixou levar pela tentação do intervencionismo divino, essa concepção equivocada de que tudo que acontece é vontade de Deus, de que não adianta lutar para superar os males do mundo. Ora, Deus, em Jesus, nos entregou seu projeto de humanidade. Resta-nos implementá-lo, e não esperar que Ele o faça por nós. Deus é Pai, mas não é paternalista.

> Fortalecido pelo Espírito de Deus, Jesus retornou à Galileia, e sua fama se espalhou por toda a redondeza. Ele ensinava nas sinagogas, e todos o elogiavam.
> Um dia, Jesus foi à cidade de Nazaré, onde havia sido criado. Conforme seu costume, no sábado entrou na sinagoga e levantou-se para fazer a leitura. Deram-lhe o livro do profeta Isaías. Ao abri-lo, Jesus encontrou a passagem onde está escrito: "O

Espírito do Senhor está sobre mim, porque Ele me consagrou com a unção para anunciar a Boa Notícia aos pobres; enviou-me para proclamar a libertação dos prisioneiros e aos cegos, a recuperação da vista; para libertar os oprimidos e proclamar um ano de graça do Senhor".

Em seguida, Jesus fechou o livro, entregou-o na mão do ajudante, e se sentou. Todos os que estavam na sinagoga tinham os olhos fixos nele. Então Jesus concluiu: "Hoje se cumpriu essa passagem da Escritura que acabam de ouvir".

Jesus, como adepto do judaísmo, frequentava a sinagoga aos sábados, assim como os católicos costumam ir à missa aos domingos; e os evangélicos, ao culto[22]. Era costume um dos fiéis ler um texto da Bíblia, gravado em um rolo de pergaminho. O rabino entregou-lhe o livro do profeta Isaías (61,1-3). O que comprova que Jesus era alfabetizado e, possivelmente, tenha aprendido a ler e escrever na mesma sinagoga, que também funcionava como escola.

Ao lê-lo, Jesus proclamou a que veio. Não para fundar uma religião ou uma Igreja. E sim para nos trazer um novo projeto político: anunciar aos pobres a boa notícia do Reino de Deus; libertar os cativos (explorados, segregados, discriminados etc.); abrir os olhos dos cegos (despertar a consciência crítica, apontar as causas das injustiças, suscitar o esperançar); libertar os oprimidos (da sujeição aos poderes injustos, da miséria e da pobreza, da falta de dignidade); e "proclamar um ano de graça do Senhor".

O que significa "ano de graça"? É um tempo de justiça, não um período que vai de janeiro a dezembro. Um tempo sem desigualdade e opressão. Um tempo de fartura e paz.

---

22. "O povo ia à sinagoga para orar: havia a leitura das Escrituras, a pregação, o cântico dos salmos e das bênçãos. Jesus participava da oração de seu povo" (GEORGE, A. *Leitura do Evangelho segundo Lucas. Op. cit.*, p. 57).

Ao terminar a leitura, Jesus confirmou que assumiria essa missão. Haveria de realizar as promessas proféticas. Faria de sua vida uma semente de libertação.

Todos aprovavam Jesus, admirados com as palavras cheias de encanto que saíam da sua boca. E diziam: "Este não é o filho de José?" Mas Jesus disse: "Sem dúvida vocês vão repetir para mim o provérbio: 'Médico, cura-te a ti mesmo'. Faz também aqui, em tua terra, tudo o que ouvimos dizer que fizeste em Cafarnaum". E acrescentou: "Garanto a vocês: nenhum profeta é bem recebido em sua pátria. De fato, eu lhes digo que havia muitas viúvas em Israel, no tempo do profeta Elias, quando não chovia durante três anos e seis meses, e houve grande fome em toda a região. No entanto, a nenhuma delas foi enviado Elias, e sim a uma viúva estrangeira, que vivia em Sarepta, na Sidônia. Havia também muitos hansenianos em Israel no tempo do profeta Eliseu. Apesar disso, nenhum deles foi curado, a não ser o estrangeiro Naamã, que era sírio".

Ao ouvirem essas palavras de Jesus, todos na sinagoga ficaram furiosos. Levantaram-se e o expulsaram da cidade. Levaram-no até o alto do monte, sobre o qual a cidade está construída, com intenção de lançá-lo no precipício. Mas Jesus passou pelo meio deles e seguiu adiante.

Por que todos que se encontravam na sinagoga e haviam "aprovado" suas palavras e se "encantado" com Ele, de repente passaram da lisonja à revolta? Ora, primeiro porque o preconceito falou alto: como o filho de José, simples carpinteiro, ousava ser tão pretensioso? Muitos invejavam a sabedoria e a coragem profética de Jesus.

Lembro-me de Lula que, após deixar seus dois primeiros mandatos com 87% de aprovação, causou espanto ao ser eleito pela terceira vez, em 2022, porque não tinha diploma universitário...

Jesus causou incômodo também por haver trocado Nazaré por Cafarnaum. E ousar fazer um paralelo entre sua missão e as dos profetas Elias e Eliseu que, séculos antes, beneficiaram estrangeiros e não seus conterrâneos.

Lucas quer frisar que a proposta do Reino não se limita aos judeus. Destina-se também aos gregos, aos romanos, enfim, a todos os povos. Aquela gente xenófoba não suportou a atitude de Jesus, a ponto de querer assassiná-lo! Eles esperavam que somente os judeus mereceriam as bênçãos de Deus. Os não judeus ou gentios seriam punidos.

> Jesus foi a Cafarnaum, cidade da Galileia, e, ali, ensinava aos sábados. As pessoas ficavam admiradas com o seu ensinamento, porque falava com autoridade. Na sinagoga havia um homem possuído pelo espírito de um demônio impuro, que gritou: "O que queres de nós, Jesus Nazareno? Vieste para nos destruir? Eu sei quem tu és: tu és o Santo de Deus!" Jesus o ameaçou: "Cale-se e saia dele!" Então o demônio jogou o homem no chão, saiu dele, e não lhe fez mal nenhum. O espanto tomou conta de todos, que comentavam entre si: "Que palavra é essa? Ele manda nos espíritos impuros com autoridade e poder, e eles saem". A fama de Jesus se espalhava em toda a redondeza.

Na falta de psicologia, no tempo de Jesus as enfermidades psíquicas eram tidas como possessão demoníaca.

Jesus centralizou sua militância em Cafarnaum, cidade de grande atividade pesqueira.

> Jesus deixou a sinagoga e foi para a casa de Simão. A sogra de Simão tinha febre alta, e pediram a Jesus que a curasse. Inclinando-se para ela, Jesus repudiou a febre, e esta deixou a mulher. Então, no mesmo instante, ela se levantou e começou a servi-los.

O fato de Pedro ter sogra comprova que era casado. Portanto, Jesus não dava nenhuma importância ao celibato ao escolher seus apóstolos. Se Jesus abraçou o celibato não foi por menosprezar o casamento ou sofrer de misoginia, e sim por ter consciência de que sua militância teria vida curta, como ocorreu a seu primo João Batista.

Ao pôr do sol, todos que tinham doentes, atingidos por diversos males, os levaram a Jesus, que colocava as mãos em cada um deles e os curava. De muitas pessoas saíam demônios que gritavam: "Tu és o Filho de Deus". Jesus os ameaçava e não os deixava falar, porque os demônios sabiam que Ele era o Messias.

Em sua militância, Jesus evitava ser reconhecido por ser dotado de poderes divinos. Ao contrário de muitos políticos, não se apegava a títulos e funções.

Ao raiar do dia, Jesus se afastou e buscou um lugar deserto. As multidões o procuravam, iam atrás dele, não queriam deixá-lo ir embora. Mas Jesus objetou: "Devo anunciar a proposta do Reino de Deus também em outras cidades, porque para isso fui enviado". E pregava nas sinagogas da Judeia.

Jesus gostava da solidão, sobretudo para orar em paz, entrar em intimidade com Deus.

Por vezes Lucas denomina Judeia toda a Palestina, inclusive a Galileia (1,5; 7,17; 23,5).

Capítulo 5

Certo dia, à margem do lago de Genesaré, muitas pessoas se apertavam ao redor de Jesus para ouvir a palavra de Deus. Jesus viu duas barcas paradas na margem do lago; os pescadores haviam desembarcado e lavavam as redes. Ele subiu em uma das barcas, que era de Simão, e pediu que se afastasse um pouco da margem. Depois, se sentou e, da barca, ensinava a todos.

Quando acabou de falar, disse a Simão: "Avance para águas mais profundas, e lancem as redes para a pesca". Simão objetou: "Mestre, tentamos a noite inteira, e não pescamos nada. Mas em atenção à sua palavra lançarei as redes". Assim fizeram, e apanharam tamanha quantidade de peixes que as redes se arrebentavam. Então, fizeram sinal aos companheiros da outra barca para que viessem ajudá-los. Eles vieram e encheram as duas barcas, a ponto de quase afundarem.

Ao ver aquilo, Simão Pedro atirou-se aos pés de Jesus: "Senhor, afaste-se de mim, porque sou pecador!" O espanto tinha tomado conta de Simão e de todos os seus companheiros por causa da pesca que acabavam de fazer. Tiago e João, filhos de Zebedeu, sócios de Simão, também ficaram espantados. Mas Jesus disse a Simão: "Não tenha medo! De hoje em diante você será pescador de homens". Então levaram as barcas para a margem, deixaram tudo e seguiram Jesus.

Com a pesca abundante, Jesus salientou que o projeto do Reino de Deus, que Ele anunciava e encarnava, era uma proposta de sociedade de fartura, na qual todos teriam o necessário para uma vida digna.

A expressão "deixaram tudo" indica que os militantes do Reino devem se desapegar de ambições egocêntricas e confortos materiais. Quanto maior o desapego de uma pessoa, tanto mais ela é livre e feliz. Diz o ditado budista que rico não é quem tem tudo, e sim aquele que nada tem a perder.

Jesus se encontrava em uma cidade onde havia um homem com hanseníase. Ao avistar Jesus, caiu a seus pés e pediu: "Senhor, se quiser, tem o poder de me purificar". Jesus estendeu a mão, tocou-o e disse: "Eu quero, fique purificado". No mesmo instante a enfermidade o deixou.

Jesus o aconselhou a não dizer nada a ninguém: "Peça ao sacerdote para examiná-lo e depois ofereça, pela sua purificação, o sacrifício que Moisés ordenou, para que seja um testemunho para eles".

A fama de Jesus se espalhava cada vez mais, e muitos se reuniam para ouvi-lo e serem curados de suas doenças. Mas Jesus se retirava para lugares desertos a fim de orar.

Na época, qualquer doença de pele podia ser interpretada como hanseníase. A Lei mosaica exigia que as pessoas infectadas ficassem segregadas do convívio social (*Levítico* 13,45-46). Consideradas "impuras", estavam proibidas de participar do culto. E era impensável um judeu tocar em um daqueles enfermos, como fez Jesus ao quebrar preconceitos e discriminações.

Para se reintegrar à sociedade, quem fosse curado da hanseníase deveria se apresentar a um sacerdote levita e obter a confirmação, de modo a ser reintegrado à sociedade (*Levítico* 14,1-32). Jesus tinha o poder de curar, mas não de reinserir uma pessoa segregada na sociedade e no culto.

"Jesus se retirava para lugares desertos a fim de orar", frisa Lucas ao reiterar como Jesus era homem de oração. Se o Filho de Deus sentia necessidade desse recuo para se nutrir espiritualmente, o que dizer de nós, pobres mortais?

Certo dia em que Jesus ensinava, ali se encontravam, sentados, fariseus e doutores da Lei vindos de todos os povoados da Galileia, da Judeia e até de Jerusalém. E o poder do Senhor em Jesus fazia-o realizar curas. Chegaram algumas pessoas que carregavam, em maca, um homem paralítico; tentavam fazê-lo entrar e colocá-lo diante de Jesus. Mas, por causa do amontoado de gente, não conseguiam aproximá-lo. Subiram então ao terraço e, através das telhas, desceram a maca com o homem diante de Jesus. Ao ver a fé que tinham, Jesus disse: "Homem, seus pecados estão perdoados".

Os doutores da Lei e os fariseus cogitaram em pensamento: "Quem é esse que profere blasfêmias? Ninguém pode perdoar pecados; só Deus tem poder para isso!" Jesus captou o que pensavam e disse: "Por que pensam assim? O que é mais fácil? Dizer: 'Seus pecados estão perdoados', ou: 'Levante-se e ande'? Pois bem, para ficarem sabendo que o Filho do Homem tem poder para perdoar pecados – disse Jesus ao homem paralítico – ordeno a você: Levante-se, pegue a sua maca e volte para casa". No mesmo instante, o homem se levantou, pegou a maca onde estava deitado e foi para casa, louvando a Deus. Todos ficaram admirados e deram louvores a Deus. Intimidados, diziam: "Hoje vimos coisas estranhas".

Frente ao ceticismo dentro daquela casa, Jesus demonstrou sua autoridade. E como o fundamentalismo farisaico associava doença a pecado, pela cura Jesus manifestou o perdão.

Jesus não disse "eu perdoo seus pecados". "É a primeira vez na história religiosa da humanidade que um homem ousa dizer:

'Teus pecados estão perdoados'. Jesus o faz, aliás, com muita humildade. Diante de tanta fé, exprime a consciência de ser a salvação enviada aos homens"[23].

Os cuidadores do homem paralítico com certeza esperavam que Jesus, primeiro, o curasse. Mas como a ideologia religiosa dos fariseus atribuía ao pecado a causa das doenças, primeiro Jesus perdoou os pecados e, em seguida, o curou.

Depois, Jesus saiu e encontrou, na coletoria, um cobrador de impostos chamado Levi e lhe disse: "Siga-me". Levi deixou tudo, levantou-se e seguiu-o. Mais tarde, Levi preparou, em sua casa, um grande banquete para Jesus. Compareceram muitos cobradores de impostos e outras pessoas se sentaram à mesa com eles.

Os fariseus e os doutores da Lei murmuravam aos discípulos de Jesus: "Por que vocês comem e bebem com cobradores de impostos e pecadores?" Jesus retrucou: "As pessoas que têm saúde não precisam de médico, só as que estão doentes. Não vim para chamar os justos, e sim os pecadores para que se arrependam"[24].

Eles objetaram: "Os discípulos de João, como também os dos fariseus, jejuam com frequência e fazem orações, mas seus discípulos comem e bebem". Jesus reagiu: "Acham que os convidados de um casamento podem jejuar enquanto o noivo está com eles? Mas virão dias em que o noivo será tirado do meio deles; então, jejuarão".

---

23. GEORGES, A. *Leitura do Evangelho segundo Lucas. Op. cit.*, 76.

24. "O texto da comunidade de Lucas deixa duas dicas. Diz, no fim do texto, que Jesus veio chamar os pecadores 'para o arrependimento'. [...] Como se expressa concretamente o arrependimento na vida, por exemplo, de Levi? Lembre-se de que o texto diz que ele 'deixou tudo'! E o 'deixar tudo' tem na Bíblia, muitas vezes, o sentido de partilhar os bens com os pobres. Levi fez aquilo que o jovem rico não foi capaz de fazer (*Lucas* 18,22-23). A comunidade de Lucas parece ter colocado para si o desafio da partilha, da solidariedade que supera barreiras e cria fraternidade!" (VASCONCELLOS, P.L. *A Boa Notícia segundo a comunidade de Lucas*. São Leopoldo: Cebi, 1998, pp. 64-65 [Cebi 123/124]).

Levi é aquele que viria a ser o evangelista Mateus. Como fiscal de renda, era rico. Tanto que ofereceu a Jesus e seus companheiros "um grande banquete" em sua casa. Com certeza para comemorar sua nova opção de vida, assim como comemoramos momentos de mudanças em nossas vidas: o matrimônio, a formatura na escola etc.

A sala devia ser espaçosa, pois, além do grupo de Jesus, compareceram "muitos cobradores de impostos e outras pessoas". Essas "outras pessoas" eram, com certeza, fariseus e teólogos farisaicos, chamados de "doutores da Lei" (Lei de Moisés). Moralistas, acostumados a catar piolhos em cabeças de alfinetes, os fariseus questionaram os discípulos de Jesus por comerem e beberem em companhia de "pecadores", aqueles que cobravam impostos em favor dos romanos e do governador da Galileia.

Jesus, como líder do grupo, reagiu em defesa de seus amigos e citou o provérbio de que médico é para quem está doente, e não para quem é saudável. Não satisfeitos, os fariseus, como todo crítico que age pela agressão e não pela razão, tentaram encurralar Jesus ao recordar que João Batista e seus discípulos levavam uma vida ascética. Jesus lhes deu uma resposta cabal para encerrar a discussão e, em outras palavras, disse: Deus veio celebrar núpcias com esse povo. E quando se celebra o amor não faz sentido jejuar. Há que comer e beber![25]

    Jesus contou-lhes ainda outra parábola: "Ninguém tira retalho de roupa nova para remendar roupa ve-

---

25. Aliás, algo que chama a atenção nos evangelhos é a comensalidade de Jesus. São inúmeras vezes que Ele e seus amigos aparecem "à mesa". De fato, não havia mesa no Império Romano, inclusive na Palestina. Havia almofadas ou "tatames" espalhados pelo chão, e sobre eles as pessoas se sentavam em torno das travessas de alimentos. Ou se recostavam em triclínios, três espreguiçadeiras em torno de pequena mesa na qual eram colocadas as travessas. Não havia uma quarta, justamente para deixar o vão livre pelo qual o serviçal ajeitava as travessas na mesinha.

lha; senão, rasgará a roupa nova, e o retalho novo não combinará com a roupa velha. Ninguém coloca vinho novo em barris velhos; porque, de fato, o vinho novo arrebenta os barris velhos, se derrama, e os barris se perdem. Vinho novo deve ser colocado em barris novos. E ninguém, depois de beber vinho velho, deseja vinho novo, porque diz: o velho é melhor".

Jesus, em suas parábolas, sempre citava metáforas tiradas da vida cotidiana, como a costura de roupa e a fabricação de vinho. Não fazia pregações doutrinárias ou conceituais. Educador popular, sabia se expressar em imagens diante daquele povo predominantemente analfabeto. O tecido e o barril velhos são o Primeiro Testamento, que a prática de Jesus atualizou ao introduzir novos paradigmas de justiça.

Capítulo 6

Em um sábado, Jesus atravessava um campo de trigo. Os discípulos arrancavam e comiam as espigas, debulhando-as com as mãos. Alguns fariseus questionaram: "Por que vocês fazem o que não é permitido no sábado?" Jesus respondeu: "Não leram o que Davi e seus companheiros fizeram quando sentiram fome? Davi entrou na casa de Deus, pegou e comeu os pães oferecidos a Deus, e ainda repartiu com seus companheiros. No entanto, só os sacerdotes podem comer desses pães"[26]. Jesus arrematou: "O Filho do Homem é senhor do sábado".

O sábado é dia sagrado para os judeus, nenhum homem ou mulher está autorizado a trabalhar (*Gênesis* 2,3; *Êxodo* 20,8-11; *Deuteronômio* 5,12-15). Com certeza os discípulos de Jesus não comiam trigo cru, mas os colhiam para o preparo de pães.

Criticado pelos fariseus, Jesus se defende ao citar, como precedente, o exemplo de Davi, que os fariseus tanto veneravam. A fome justificou a violação das leis sagradas! Assim, Jesus enfatizou que os direitos humanos estão acima dos direitos de propriedade e dos preceitos religiosos.

Em outro sábado, Jesus entrou na sinagoga para pregar sua proposta. Havia ali um homem com a mão direita seca. Os doutores da Lei e os fariseus espiavam para ver se Jesus iria curá-lo no sábado e, assim, encontrarem motivo para acusá-lo. Mas Jesus sabia o que eles pensavam. Disse, então, ao homem da mão seca: "Levante-se e fique no meio". Ele se

---

26. *1Samuel* 21,1-7.

levantou e ficou de pé. Jesus disse aos demais: "Pergunto a vocês: a Lei permite fazer o bem ou o mal no sábado, salvar uma vida ou deixar que se perca?" Em seguida, Jesus olhou para todos os que estavam ao seu redor e disse ao homem: "Estenda a mão". O homem assim o fez, e sua mão ficou boa. Eles ficaram com muita raiva e começaram a conversar sobre o que poderiam fazer contra Jesus.

A sinagoga funcionava como lugar de culto e também de centro comunitário das aldeias e cidades. Ao curar o homem no sábado, Jesus deixou claro que, para defender o dom da vida, todas as leis merecem ser violadas, porque são injustas se não priorizam o dom maior de Deus — a vida.

Naqueles dias, Jesus subiu à montanha a fim de orar. E passou toda a noite em oração a Deus. Ao amanhecer, chamou seus discípulos, e escolheu doze dentre eles, aos quais deu o nome de apóstolos: Simão, a quem também deu o nome de Pedro, e seu irmão André; Tiago e João; Filipe e Bartolomeu; Mateus e Tomé; Tiago, filho de Alfeu, e Simão, chamado Zelote; Judas, filho de Tiago, e Judas Iscariotes, aquele que se tornou traidor.

Quando tinha que tomar decisões importantes, Jesus se recolhia em orações. E como descreve Lucas, não eram breves momentos de preces. Jesus "passou toda a noite em oração a Deus". Quem de nós, nos últimos tempos, fez o mesmo? Isso comprova a profunda espiritualidade de Jesus. Era um místico, e nele se realizavam as núpcias cantadas, séculos depois, pelo belo verso de João da Cruz: "Ó noite que juntaste,/amada com Amado,/amada já no Amado transformada".

Entre os discípulos, Jesus escolheu onze galileus para estarem na linha de frente, pessoas consideradas "impuras" pelos poderosos da Judeia e por eles desprezadas. Apenas Judas Iscariotes não era galileu.

Note-se que não aparece o nome do discípulo Natanael, citado no capítulo 1 de João. Para evitar incongruência, estabeleceu-se a hipótese de Natanael ser Bartolomeu, que aparece também nos evangelhos de Marcos e Mateus. André foi discípulo de João Batista (*João* 1,35-40; *Mateus* 4,18) e apresentou seu irmão, Pedro, a Jesus. Ambos nasceram em Betsaida (*João* 1,44). Pedro era casado (*Mateus* 8,14-15) e sócio de Tiago e João no negócio de pesca. Tinha temperamento impulsivo, de quem age mais pela emoção do que pela razão. Duas cartas que integram o Novo Testamento são atribuídas a ele.

Tiago é conhecido na tradição cristã como Tiago, o Maior, ou o mais velho, para diferenciá-lo do outro apóstolo de mesmo nome, Tiago, o Menor (*Marcos* 15,40), por ser mais jovem. Este era irmão de João e, ambos, filhos de Zebedeu e Salomé, trabalhavam com o pai na atividade pesqueira. Como também tinham temperamento explosivo, eram alcunhados de "filhos do trovão" (*Marcos* 3,17; *Lucas* 9,54).

Pedro, Tiago e João eram os apóstolos mais próximos de Jesus. Estavam presentes na ressurreição da filha de Jairo (*Marcos* 5,37); na transfiguração de Jesus (*Mateus* 17,1-2) e na agonia do Mestre no Jardim das Oliveiras (*Mateus* 26,36-37).

Tiago, autor da carta contida no Novo Testamento, não é o apóstolo. A maioria dos biblistas a atribuem a Tiago, o Justo, irmão de Jesus (*Mateus* 13,55-56).

João, "o discípulo amado" (*João* 13,23; 21,20), era o mais jovem dos apóstolos. É o autor do quarto evangelho, de três cartas do Novo Testamento e do livro do *Apocalipse*. Por isso é chamado de João Evangelista[27].

---

27. Preso pelo imperador Domiciano e conduzido à ilha de Patmos, ali João escreveu o *Apocalipse*, o mais poético e enigmático livro do Novo Testamento. Libertado após a morte do imperador, passou a viver em Éfeso, onde teria morrido, em 103, aos 94 anos.

Filipe também era natural de Betsaida (*João* 1,44). Seu nome, de origem grega, – *Philippos* – quer dizer "amante de cavalos". Foi ele quem convenceu Natanael – também conhecido pelo nome de Bartolomeu – a se tornar apóstolo de Jesus (*João* 1,45-49). Bartolomeu cujo significado é "filho de Ptolomeu".

Tomé é citado no *Evangelho de João* como Dídimo (*João* 11,16; 20,24; 21,2), ou seja, "gêmeo", provavelmente por ter um irmão ou irmã nascido junto com ele. Os relatos evangélicos nos permitem supor que se tratava de um homem muito sincero, mas pessimista e incrédulo (*João* 20,25-27), embora dotado de grande coragem. Quando Jesus decidiu retornar à Judeia para ressuscitar seu amigo Lázaro, mesmo sob ameaça de assassinato, Tomé convocou seus companheiros a se solidarizarem ao Mestre: "*Vamos também para morrermos com Ele*" (*João* 11,16).

De Mateus já sabemos que era coletor de impostos (publicano), tinha boa condição financeira, tanto que ofereceu um banquete a Jesus (*Lucas* 5,27-29), e era malvisto pelos fariseus. O apóstolo também é chamado de Levi nos evangelhos de *Marcos* (2,13-14) e *Lucas* (5,27-28).

São escassas as informações sobre Tiago, filho de Alfeu. É provável que sua mãe também se chamasse Maria e fosse discípula de Jesus (*Mateus* 27,56; *Marcos* 16,1; *Lucas* 24,10). Há apenas quatro citações a respeito dele no Novo Testamento (*Mateus* 10,3; *Marcos* 3,18; *Lucas* 6,12-16; *Atos dos Apóstolos* 1,13).

Tadeu se chamava Judas Tadeu, e era irmão de Tiago (*Marcos* 6,3; *Mateus* 13,55). Trata-se de Tiago, irmão de Jesus? Nos *Atos dos Apóstolos* (1,13), seu nome aparece como "Judas, filho de Tiago". Supõe-se que ele é o autor da *Carta de Judas*, incluída no Novo Testamento.

O apóstolo João, em seu evangelho (14,22), teve o cuidado de diferençar Judas Tadeu de Judas Iscariotes.

Simão, "chamado Zelote" (*Marcos* 3,18), também conhecido como Simão, o Cananeu, ou Simão, o nacionalista, era natural de Caná da Galileia. Além da sua origem, pouco se sabe sobre o apóstolo. O termo "zelote" significa zeloso, cuidadoso. Os zelotes formavam um grupo político radical que advogava a luta armada como forma de expulsar os romanos da ocupação da Palestina.

Judas Iscariotes, "aquele que se tornou traidor", era filho de Simão Iscariotes (*João* 6,71). O termo Iscariotes comporta duas versões: referência ao lugar de origem, Kariot, ou seja, Judas era um *ish kariot*, homem de Kariot, localidade situada na Judeia. Ou que Judas pertencia ao movimento armado, cujos militantes eram conhecidos como sicários por portarem adaga ou punhal.

Jesus desceu da montanha com os doze apóstolos e parou em um lugar plano. Havia ali uma multidão de seus discípulos e muita gente do povo de toda a Judeia, de Jerusalém e do litoral de Tiro e Sidônia. Foram para ouvir Jesus e serem curados de suas doenças. Também aqueles que se encontravam atormentados por espíritos impuros foram curados. Todos procuravam tocar em Jesus, porque a força que saía dele curava todos.

Ele, então, se dirigiu aos discípulos:
"Felizes de vocês, os pobres, porque o Reino de Deus lhes pertence. Felizes de vocês que, agora, têm fome, porque serão saciados. Felizes de vocês que, agora, choram, porque haverão de rir. Felizes de vocês se os homens os odeiam, os expulsam, os insultam e amaldiçoam o nome de vocês por causa do Filho do Homem. Alegrem-se nesse dia, pulem de alegria, pois será grande a recompensa de vocês no céu; era assim que os antepassados desses fariseus tratavam os profetas.

Mas, ai de vocês, os ricos, porque já têm a sua consolação! Ai de vocês que, agora, têm fartura, porque haverão de passar fome! Ai de vocês que, agora, riem, porque ficarão aflitos e irão chorar! Ai de vocês se todos os elogiam, porque era assim que os antepassados desses fariseus tratavam os falsos profetas".

Em Lucas encontramos o Sermão da Planície, e não da montanha, como em Mateus. Com certeza no intuito de animar as comunidades primitivas integradas principalmente por fiéis pobres. Lucas registra que os discípulos de Jesus eram "multidão"... Os evangelistas costumam tratar qualquer aglomeração popular dessa forma.

Como médico que era, Lucas frisa o interesse daquela gente em se curar das doenças. E passa a transcrever as bendições (aos pobres) e maldições (aos ricos) proferidas por Jesus. É o único evangelista que enfatiza a "luta de classes".

Para o biblista Pedro Lima Vasconcellos, "a pergunta é inevitável: como alguém pode ter a coragem de afirmar que pobres, aflitos e famintos são ou podem ser felizes, sem ser hipócrita ou cínico? Essas palavras de Jesus devem ter chocado muita gente. Também a comunidade de Lucas deve ter se assustado com afirmações tão radicais. [...] Mas voltando à questão: como pobres e sofredores são ou podem ser felizes? E como os ricos e bem de vida são ou podem ser infelizes? A propaganda está a todo momento dizendo que a felicidade é ter o carro do ano, mansão, fazer viagens etc. Como será possível aos pobres a felicidade? Justamente aí está a novidade do texto: Quem disse que felicidade é isso que a propaganda indica? Quem pode tirar dos pobres o direito de construírem novas formas de felicidade? É preciso não entrar na lógica da sociedade de consumo como caminho único para a vida feliz. Não porque a sociedade diz que são infelizes é que eles são! O que importa é que não percam a dignidade e autoestima, apesar de serem marginalizados pela sociedade! Assim, a primeira coisa que o texto salienta é que há outros caminhos para a verdadeira felicidade[28] e parecem não ser aqueles indicados

---

28. Cf. meu *Felicidade foi-se embora?*, com Leonardo Boff e Mário Sérgio Cortella. Petrópolis: Vozes, 2015.

por uma sociedade consumista (já naquele tempo não era muito diferente do que vivemos hoje!)"[29].

Afirmo a vocês: amem seus inimigos e façam o bem aos que odeiam vocês. Desejem o bem aos que os amaldiçoam e orem por aqueles que caluniam vocês. Se alguém lhe dá um tapa no rosto, ofereça também a outra face; se alguém lhe toma o manto, deixe que leve também a túnica. Dê a quem lhe pede e se alguém tira o que é seu, não peça que devolva. O que desejam que os outros façam a vocês, façam também a eles. Se vocês amam somente aqueles que os amam, que gratuidade é essa? Até mesmo os pecadores amam aqueles que os amam. Se fazem o bem somente aos que lhes fazem o bem, que gratuidade é essa? Até mesmo os pecadores fazem assim. E se vocês emprestam somente para aqueles de quem esperam receber, que gratuidade é essa? Até mesmo os pecadores emprestam aos pecadores para receber de volta a mesma quantia. Ao contrário, amem os inimigos, façam o bem e emprestem sem esperar coisa alguma em troca. Então a recompensa será grande, e vocês serão filhos do Altíssimo, porque Deus é bondoso também para com os ingratos e maus. Sejam misericordiosos, como também o Pai é misericordioso.

Jesus fez uma exigência revolucionária: amar os inimigos, orar pelos que nos amaldiçoam, evitar vinganças, fazer o bem a quem nos pratica o mal. Eis a radicalidade do projeto do Reino, do novo modelo civilizatório querido por Deus, onde o amor predominará nas relações pessoais; e a partilha dos bens, nas relações sociais.

O amor aos inimigos não consite em suportar calado as injustiças que cometem. Jesus não pediu que não tivéssemos inimigos, e sim que sejamos capazes de amá-los. O que isso significa?

---

29. VASCONCELLOS, P.L. *A Boa Notícia segundo a comunidade de Lucas*. *Op. cit.*, p.

Fazer tudo para que cessem de praticar o mal; livrá-los da condição de opressores e preconceituosos; enfim, criar uma sociedade na qual não haja mais luta de classes, opressores e oprimidos, torturadores e torturados, na qual todos e todas vivam com dignidade na diversidade.

Toda a proposta de Jesus se resume neste versículo, a regra de ouro: "O que desejam que os outros façam a vocês, façam também a eles".

"Não julguem, e não serão julgados; não condenem, e não serão condenados; perdoem, e serão perdoados. Deem, e será dado a vocês; colocarão nos braços de vocês uma boa medida, calcada, sacudida, transbordante. Porque a mesma medida que vocês usarem para os outros, será usada para vocês[30].

Jesus contou outra parábola aos discípulos: "Pode um cego guiar outro cego? Não cairão os dois num buraco? Nenhum discípulo é maior do que o mestre; e todo discípulo bem-formado será como o seu mestre".

"Por que olhar o cisco no olho do seu irmão, e não prestar atenção na trave que há em seu próprio olho? Como você é capaz de dizer ao seu irmão: 'Irmão, deixe-me tirar o cisco do seu olho', quando você não vê a trave em seu próprio olho? Hipócrita! Tire primeiro a trave do seu olho, e então enxergará bem para tirar o cisco do olho do seu irmão."

Mais uma vez Jesus nos surpreende com sua pedagogia. Eis um apelo à autocrítica! É fácil criticar a prática alheia, como faziam os fariseus, o difícil é reconhecer os próprios erros e aceitar corrigi-los.

---

30. "Ao dobrar o manto sobre o cinto, uma bolsa era formada para transportar os grãos do mercado. Quando o grão era *calcado* e *sacudido*, garantia-se ao comprador um montante integral e justo" (MITCH, C.; HAHN, S. O Evangelho de São Lucas. *Cadernos de estudo bíblico*, Campinas, Cedet, 2015, p. 59).

Não existe árvore boa que dê maus frutos, nem árvore ruim que dê bons frutos; porque toda árvore é conhecida por seus frutos. Não se colhem figos de espinheiros, nem se apanham uvas de plantas espinhosas. O homem bom tira coisas boas do bom tesouro do seu coração, mas o homem mau tira do seu coração coisas más, porque a boca fala daquilo que o coração está cheio.

Todos esses versículos se resumem nesta sentença: a prática é o critério da verdade. Não são nossas palavras que atestam nossa dignidade, e sim o que fazemos e testemunhamos.

Do ponto de vista social, vemos como a democracia burguesa, predominante no mundo ocidental, é uma árvore má que produz maus frutos podres, como desigualdade, violência, exclusão. Toda a retórica política que a exalta como exemplo de liberdade é mera pretensão de colher figos de espinheiros...

Do ponto de vista pessoal, quantas pessoas conhecemos que trazem o coração entupido de ressentimento, inveja, ambições desmedidas? E como são ácidas e tóxicas quando abrem a boca!

Por que vocês me chamam: 'Senhor! Senhor!', e não fazem o que digo? Mostrarei com quem se parece todo aquele que ouve minhas palavras e as põe em prática. É semelhante a um homem que construiu uma casa: cavou fundo e colocou o alicerce sobre a rocha. Veio a enchente, a enxurrada bateu contra a casa, mas não conseguiu derrubá-la, porque estava bem construída. Aquele que ouve e não põe em prática é semelhante a um homem que construiu uma casa sobre a terra, sem alicerce. A enxurrada bateu contra a casa e ela imediatamente desabou; e foi grande a ruína daquela casa[31].

---

31. Será que a fábula *Os três porquinhos*, de Joseph Jacobs, escrita em 1853, não teria sido inspirada nesta parábola?

Jesus devia entender de construção civil. Era filho de um homem que construía casas. Em geral, traduz-se o ofício de José como "carpinteiro". Talvez por não se encontrar na língua portuguesa palavra tão adequada quanto "*albanil*", do idioma espanhol. Penso ser mais apropriado chamar José de pedreiro. É possível que tenha trabalhado em construções em Séforis[32] e Tiberíades[33]. Não se descarta a hipótese de o jovem Jesus ter atuado como auxiliar de pedreiro, ao lado do pai, na edificação de Tiberíades – capital da Galileia – onde, ao longo de sua militância, nunca pisou, talvez por ojeriza à suntuosidade da Brasília da época.

---

32. Séforis dista apenas 7km de Nazaré. Logo após a morte do rei Herodes, em 4 d.C., Judas, filho do guerrilheiro Ezequias executado pelo rei, se apoderou do depósito de armas de Séforis. Os romanos retomaram a cidade, incendiaram-na e escravizaram os habitantes. Herodes Antipas reconstruiu a cidade e fez dela capital da Galileia até que terminassem as obras de Tiberíades, nova capital. Jesus deve ter escutado de seus antepassados a crueldade com que foram reprimidos os que participaram dessa rebelião em Séforis.

33. Tiberíades foi edificada em homenagem ao imperador Tibério César. Inaugurada quando Jesus tinha 20 anos, ficava defronte de Cafarnaum, onde praticamente Jesus residia.

Capítulo 7

Após falar ao povo, Jesus entrou em Cafarnaum. Havia ali um oficial romano que nutria grande estima por seu servo. Este estava doente, sob o risco de morrer. O oficial ouviu falar de Jesus e enviou alguns anciãos judeus para pedir que salvasse o servo. Ao encontrar Jesus, rogaram-lhe com insistência: "O oficial merece que lhe faça esse favor, porque ele estima o nosso povo, e até construiu uma sinagoga para nós". Então Jesus os acompanhou.

Quando o grupo já se aproximava da casa, o oficial mandou alguns amigos dizerem a Jesus: "Senhor, não se incomode, não sou digno de que entre em minha casa. Nem sequer me atrevo a ir pessoalmente ao seu encontro. Mas diga uma palavra, e o meu servo ficará curado. Pois também estou sob a autoridade de oficiais superiores, e tenho soldados sob minhas ordens. Se digo a um: Vá, ele vai; e a outro: Venha, ele vem; e ao meu servo: Faça isso, e ele faz".

Ao ouvir isso, Jesus ficou admirado. Voltou-se para as pessoas que o seguiam e disse: "Declaro a vocês que nem mesmo em Israel encontrei tamanha fé".

Os mensageiros voltaram para a casa do oficial e encontraram o servo em perfeito estado de saúde.

Durante sua militância, Cafarnaum era o pouso mais frequente de Jesus, na casa da família de Pedro. Ali, onde havia um quartel, um oficial romano – chamado 'centurião' por comandar uma guarnição de 100 soldados – foi ao seu encontro. Embora fosse pagão, edificou uma sinagoga para a comunidade judaica e acreditava em Jesus.

O curioso é o militar pedir em favor de um servo, já que poderia ignorar-lhe a enfermidade e se valer dos serviços de seus outros tantos subordinados, como fazem, hoje, muitos patrões. O que comprova que havia um "algo mais" que ligava o centurião ao servo. Possivelmente um vínculo afetivo. Tanto que preferiu que Jesus não entrasse na casa dele, talvez com receio de que o Mestre se desse conta do laço mais profundo que os unia. A homossexualidade era duramente condenada na Palestina do século I, embora não se saiba de nenhuma situação na qual Jesus tenha manifestado preconceito.

Jesus se dispôs a entrar na casa do oficial romano, o que era estritamente proibido pela Lei mosaica, e elogiou a fé do centurião. Não só elogiou, mas exaltou-a, a ponto de exclamar que "nem mesmo em Israel encontrei tamanha fé". E, ao contrário de muitos padres e pastores, não exigiu, primeiro, que o militar renegasse a sua fé pagã para, em seguida, atendê-lo. Fez o bem sem olhar a quem.

Lucas escreveu esse relato na perspectiva de universalizar o cristianismo e criticar seus conterrâneos judeus por não aceitarem Jesus como o Messias esperado. Critica também as comunidades cristãs, majoritariamente integradas por judeus convertidos, que manifestavam preconceito aos pagãos convertidos.

> Em seguida, Jesus foi a uma cidade chamada Naim[34].
> Fazia-se acompanhar dos discípulos e de muitas outras pessoas.
> Ao chegar à entrada da cidade, eis que levavam um defunto para enterrar; era o filho único de uma viúva.
> Grande multidão da cidade acompanhava o féretro.
> Ao ver o estado da viúva, o Senhor teve compaixão dela e falou: "Não chore!" Em seguida, se aproximou, tocou no caixão, e os que o carregavam para-

---

34. Naim significa "aconchego", o que indica que era um bom lugar para se viver. Localizada 14km ao sul de Nazaré, fica próxima ao Monte Tabor.

ram. Então Jesus disse: "Jovem, eu ordeno, levante-se!" O morto se sentou e começou a falar. E Jesus o entregou à mãe. Todos ficaram impressionados e glorificaram a Deus: "Um grande profeta apareceu entre nós, e Deus veio visitar o seu povo". A notícia do fato se espalhou por toda a Judeia e redondezas.

Nenhum outro evangelho descreve esse milagre, apenas Lucas. Naim é uma pequena cidade da Galileia, habitada predominantemente por árabes, e onde hoje se fabricam tapetes sofisticados.

O milagre encontra paralelo em *1Reis* 17,17-24, quando o profeta Elias ressuscita, em Sarepta, o filho de uma viúva, e no profeta Eliseu, que devolveu a vida ao filho de uma mulher sunamita (*2Reis* 4,32-37). Lucas é o evangelista que mais acentua Jesus como o novo Elias. Tanto que, pela boca do povo, Jesus é chamado de "grande profeta".

Jesus, mais uma vez, violou a Lei mosaica ao tocar no caixão e, assim, contrair "impureza" por uma semana... (*Números* 19,11-19). Contudo, defender a vida se sobrepõe a todas as leis.

> Os discípulos de João o puseram a par da atividade de Jesus. Então, João chamou dois de seus discípulos e os mandou perguntar ao Senhor: "É você aquele que há de vir, ou devemos esperar outro?"
> Eles foram a Jesus: "João Batista nos mandou aqui para perguntar: 'É você aquele que há de vir, ou devemos esperar outro?'" Naquele momento, Jesus curou muitas pessoas de suas doenças, males e espíritos impuros, e fez muitos cegos recuperarem a visão. Depois respondeu: "Voltem e digam a João o que viram e ouviram: os cegos recuperam a vista, os paralíticos andam, os hansenianos são purificados, os surdos ouvem, os mortos ressuscitam, e a proposta do Reino é anunciada aos pobres[35]. Feliz aquele que não se escandaliza com o que faço!"

---

35. Sinais libertadores equivalentes ao que o profeta Isaías descreve como características da era messiânica (35,4-6).

A fama de Jesus chegou à masmorra na qual o governador da Galileia, Herodes Antipas, prendera João. Pelo relato, sabemos que os discípulos do Batista podiam visitá-lo e, assim, o mantinham informado.

Os judeus esperavam, há séculos, a vinda do Messias que iria restaurar o reino de Davi. João ficou em dúvida se seu primo, Jesus, era o Messias aguardado. Os discípulos foram conferir. Jesus não respondeu sim ou não. A árvore se conhece pelos frutos. Preferiu que os enviados constatassem os sinais de libertação suscitados por sua militância. E que não ficassem escandalizados diante do que viram e ouviram. Resposta que ecoa como paráfrase de *Isaías* 61,1-2.

Lucas quis frisar para as comunidades cristãs primitivas, nas quais havia muitos judeus convertidos ao Movimento do Nazareno, que 1) Jesus é o Messias esperado pelo povo judeu durante séculos; 2) Seu Reino messiânico se manifesta por sinais de libertação, onde a vida digna é restaurada; 3) Nenhum cristão deve se importar com o fato de sua fé no Crucificado causar escândalo entre os não cristãos. Para quem não tem fé, é difícil entender como enxergar natureza divina em um "maldito" dependurado numa cruz por blasfêmia e subversão...

> Depois que os mensageiros de João partiram, Jesus falou sobre João ao povo: "O que vocês foram ver no deserto? Um caniço agitado pelo vento? O que foram ver? Um homem vestido com roupas finas? Ora, os que se vestem com roupas preciosas e vivem no luxo estão nos palácios dos reis. Então, o que foram ver? Um profeta? Eu lhes garanto: alguém que é mais do que um profeta. É de João que a Escritura afirma: 'Eis que eu envio o meu mensageiro à tua frente: ele vai preparar teu caminho diante de ti'[36]. Afirmo a vocês: entre os nascidos de mulher nin-

---

36. *Malaquias* 3,1.

guém é maior do que João. No entanto, o menor no Reino de Deus é maior do que ele. Todo o povo, e até mesmo os cobradores de impostos, deram ouvidos à pregação de João. Reconheceram a justiça de Deus e receberam o batismo de João. Mas os fariseus e os doutores da Lei, ao rejeitarem o batismo de João, tornaram inútil para si mesmos o projeto de Deus".

Jesus ressaltou a figura de João como seu precursor. Como conhecia bem os textos do Primeiro Testamento, citou um versículo do profeta Malaquias, e o aplicou a seu primo. Contudo, se João superou todos os profetas, no projeto do Reino o mais "insignificante" militante será considerado maior do que João.

Para se entender bem os textos evangélicos é preciso conhecer o contexto no qual foram escritos. Um simples versículo é como o diminuto brilho numa rocha que indica haver por trás uma vasta mina de ouro. É o caso do "caniço agitado pelo vento". O caniço era uma planta abundante no vale do rio Jordão. Ao celebrar a fundação de Tiberíades, Herodes Antipas mandou cunhar moedas com o emblema do caniço. Assim, as metáforas utilizadas por Jesus foram, sem dúvida, entendidas pelos ouvintes como críticas ao governador da Galileia.

Jesus exaltou a firmeza do Batista, que não se deixou agitar pelos ventos da conjuntura. Para Jesus, João era o oposto de Antipas, "que se inclina e se agita, reagindo aos ventos de Roma"[37].

> Com quem comparar os homens desta geração? Com quem se parecem eles? São como crianças que se sentam nas praças e se dirigem aos amigos, dizendo: "Tocamos flauta e vocês não dançaram; cantamos música triste e vocês não choraram". Pois veio João Batista, que não comia nem bebia, e vocês disseram: "Ele possui um demônio!" Veio o Filho

---

37. OVERMAN, J.A. *O Evangelho de Mateus e o Judaísmo formativo*. São Paulo: Loyola, 1997, p. 185.

do Homem, que come e bebe, e vocês acusam: "Ele é um comilão e beberrão, amigo dos cobradores de impostos e dos pecadores!" Mas a sabedoria foi justificada por todos os seus filhos.

Jesus criticou a indiferença de seus contemporâneos diante da proposta do Reino. Flauta e dança eram próprias das festas de casamento. E as canções de lamentação, dos funerais. Frente à alegria e à tristeza, as pessoas não reagiam, permaneciam inertes.

Lucas se preocupa com a indiferença de muitos de seus conterrâneos, que não se davam conta da transcendente importância de Jesus e da causa do Reino de Deus dentro do reino de César.

"Filhos da sabedoria" são aqueles que abraçam a proposta do Reino.

Um fariseu convidou Jesus a uma refeição. Jesus entrou na casa dele e se pôs à mesa. Apareceu, então, uma mulher conhecida na cidade como pecadora. Ao saber que Jesus se encontrava na casa do fariseu, ela levou um frasco de alabastro com perfume. Colocou-se por trás e chorou aos pés de Jesus; com as lágrimas, banhou-lhe os pés. Em seguida, os enxugou com os cabelos, cobriu-os de beijos e os ungiu com perfume.

Ao ver aquilo, o fariseu que convidara Jesus cogitou consigo: "Se esse homem fosse mesmo profeta, saberia que tipo de mulher toca nele, porque é pecadora". Jesus disse, então, ao fariseu: "Simão, tenho algo a lhe dizer". Simão respondeu: "Fala, mestre". "Certo credor tinha dois devedores. Um lhe devia quinhentas moedas de prata e o outro, cinquenta. Como não tivessem como pagar, o homem perdoou os dois. Qual deles o amará mais?" Simão respondeu: "Acho que aquele a quem ele perdoou mais". Jesus concordou: "Você julgou certo".

Então Jesus se voltou para a mulher e disse a Simão: "Vê esta mulher? Quando entrei em sua casa, você não me ofereceu água para lavar os pés; ela, porém, banhou meus pés com lágrimas e os enxugou com os cabelos. Você não me deu o beijo de saudação; ela, porém, desde que entrei, não parou de beijar meus pés. Você não derramou azeite na minha cabeça; ela, porém, ungiu meus pés com perfume. Por essa razão, declaro a você: os muitos pecados que ela cometeu estão perdoados, porque demonstrou muito amor. Aquele a quem foi perdoado pouco, demonstra pouco amor". E Jesus disse à mulher: "Seus pecados estão perdoados". Então os convidados começaram a pensar: "Quem é esse que até perdoa pecados?" Mas Jesus disse à mulher: "Sua fé a salvou. Vá em paz!"

Jesus não tinha preconceitos. Frequentava a casa de um fariseu!

Lucas faz da casa de Simão um espelho das comunidades cristãs, sem preconceitos diante de opositores (Simão) e dos sem nome e pecadores (a mulher do perfume). Entre eles, está Jesus!

"Judeus daquele tempo habitualmente se reclinavam em estofados a pouca distância do chão para comer refeições festivas e ritualísticas. Eles se inclinavam sobre uma almofada no seu lado esquerdo e comiam com a mão direita. Isso explica como a mulher se colocou aos pés de Jesus, embora estivesse atrás dele"[38].

Como as pessoas caminhavam de sandálias por vias empoeiradas, na época era costume o anfitrião colocar, à porta, uma bacia com água para os visitantes lavarem os pés. Também se derramava azeite para "pentearem" o cabelo.

A mulher, com certeza, chorava de emoção. Jesus se recusou a aparecer como protagonista do perdão a ela. Declarou que foi salva pela fé que possuía – uma pedagogia indutiva em que o educador faz do educando sujeito do processo educativo, como ensinou Paulo Freire.

---

38. MITCH, C.; HAHN, S. O Evangelho de São Lucas. *Op. cit.*, p. 63.

Capítulo 8

Depois disso, Jesus andava por cidades e povoados, onde pregava e anunciava a Boa Notícia do Reino de Deus. Os Doze o acompanhavam, como também algumas mulheres que haviam sido curadas de espíritos maus e doenças: Maria, chamada Madalena, da qual haviam saído sete demônios[39]; Joana, mulher de Cuza, alto funcionário de Herodes; Susana e várias outras mulheres, que ajudavam Jesus e os discípulos com os bens que possuíam.

Na tradição hebraica, os números têm valor simbólico. O 7 equivale ao nosso ∞ (8 deitado), símbolo de infinito. Isso significa que Maria Madalena era uma mulher atordoada. Não faz sentido identificá-la como prostituta.

Chama a atenção o fato de uma das discípulas de Jesus, Joana, ser a esposa de um "alto funcionário de Herodes". Trata-se do governador da Galileia, Herodes Antipas, que assassinou João Batista e, mais tarde, apoiou Pilatos na condenação de Jesus. Ou o casal vivia separado ou o marido fazia vista grossa para as atividades da mulher. Herodes e Jesus eram inimigos.

---

39. "O 'sete' significa a totalidade. Isto deve ser uma representação judaica para significar a totalidade do poder do mal sobre a pessoa. [...] Os exegetas da América Latina veem nisto os efeitos do pecado social. Maria Madalena poderia estar sofrendo de problemas mentais ou psicológicos agudos, doenças físicas graves ou outros males frutos da marginalização e opressão da sociedade patriarcal." (PETRY, Z.L. Evangelho de Lucas. *Estudos Bíblicos*, Petrópolis: Vozes; São Paulo: Sinodal, n. 47, 1995, p. 21).
Em junho de 2016, o papa Francisco determinou que, na liturgia da Igreja Católica, Maria Madalena seja chamada de "Apóstola dos apóstolos", recordando esse título dado a ela pelo teólogo Hipólito de Roma (178-236) e relembrado por Santo Tomás de Aquino (1274). (*Revista IHU, online*, 22/07/2023).

De Susana nada sabemos, mas o fato de Lucas não fornecer nenhum detalhe comprova se tratar de pessoa muito conhecida pelas comunidades cristãs primitivas.

Como os evangelistas não escreveram com intuito histórico ou jornalístico, Lucas apenas registra que no grupo militante de Jesus havia "várias outras mulheres" e que abriam mãos de seus bens para reforçar a causa do Reino. Isso comprova que Jesus jamais pode ser acusado de misoginia, desvio que tanto marca, ainda hoje, a Igreja Católica.

"Ter mulheres como discípulas era inaudito entre os mestres judeus. Jesus começava uma nova ordem das coisas com a integração da mulher. [...] Os rabis judeus nem mesmo dirigiam a palavra a mulheres em público. O comportamento de Jesus não somente é um fato único, como chega a ser escandaloso"[40].

Como assinala a biblista Zenilda Luiza Petry, "Jesus, ao iniciar sua pregação do Reino, não chamou a si somente os discípulos varões. É bem verdade que os relatos evangélicos não narram nenhum episódio de chamado ao discipulado de mulheres. Só constatam que elas são discípulas, seguem Jesus, participam de suas andanças e pregações e o servem com seus bens. Os evangelhos não relatam, ou porque foram escritos pelos homens, ou porque o seguimento de Jesus feito pelas mulheres não necessitasse de chamamento. O fato é que, desde a Galileia, há mulheres no Grupo de Jesus. Elas se identificam com a proposta do Reino"[41].

"A novidade, a Boa-nova de Deus para as mulheres, não está só na abundante citação da presença delas ao redor de Jesus, mas na atitude dele em relação a elas. Toca nelas e se deixa tocar por elas, sem medo de se contaminar (*Lucas* 7,39; 8,44-45.54). À diferença dos mestres da época, ele aceita mulheres como seguidoras e dis-

---

40. ODORÍSSIO, M. *Evangelho de Lucas* – Texto e comentário – Leitura facilitada. São Paulo: Ave Maria, 1998, p. 98.

41. PETRY, Z.L. Evangelho de Lucas. *Op. cit.*, p. 22.

cípulas (*Lucas* 8,2-3; 10,39). A força libertadora de Deus, atuante em Jesus, faz a mulher se levantar e assumir a sua dignidade (*Lucas* 13,13). Jesus é sensível ao sofrimento da viúva e se solidariza com a sua dor (*Lucas* 7,13). O trabalho da mulher preparando alimento é visto por Jesus como sinal do Reino (*Lucas* 13,20-21). A viúva persistente que luta por seus direitos é colocada como modelo de oração (*Lucas* 18,1-8), e a viúva pobre, que partilha seus poucos bens com os outros, como modelo de entrega e doação (*Lucas* 21,1-4). Numa época em que o testemunho das mulheres não era aceito como válido, Jesus escolhe as mulheres como testemunhas da sua morte (*Lucas* 23,49), sepultamento (*Lucas* 23,55-56) e ressurreição (*Lucas* 24,1-11; 22-24)"[42].

A muitas pessoas procedentes de inúmeras cidades Jesus contou esta parábola:

> "O semeador saiu a semear suas sementes. Enquanto semeava, uma parte caiu à beira do caminho; foi pisada e os passarinhos vieram e comeram tudo. Outra parte caiu sobre pedras; brotou e secou, porque não havia umidade. Outra caiu no meio de espinhos; os espinhos brotaram junto e a sufocaram. Outra parte caiu em terra boa; brotou e deu fruto, cem por um". Por fim, Jesus exclamou: "Quem tem ouvidos para ouvir, ouça."
>
> Os discípulos perguntaram a Jesus o significado dessa parábola. Jesus respondeu: "A vocês foi dado conhecer os mistérios do Reino de Deus. Mas a outros o Reino é demonstrado por meio de parábolas, para que ao olhar não vejam e ao escutar não compreendam. A parábola quer dizer o seguinte: a semente é a Palavra de Deus. Os que estão à beira do caminho são aqueles que ouviram, mas, depois, vem o diabo e tira a Palavra do coração deles, para que não acreditem, nem se salvem. As que caíram sobre a pedra são aqueles que, ouvindo, acolheram com alegria a Pala-

---

42. MESTERS, C.; LOPES, M. *O avesso é o lado certo*. Op. cit., p. 71.

vra. Mas eles não têm raiz: por um momento, acreditam; mas na hora da tentação voltam atrás. As que caíram entre espinhos são aqueles que ouvem, mas, continuando a caminhar, se afogam nas preocupações, na riqueza e nos prazeres da vida, e não chegam a amadurecer. As que caíram em terra boa são aqueles que, ao ouvir com coração bom e generoso, conservam a Palavra e dão fruto na perseverança".

O próprio Jesus, com sua pedagogia narrativa, descreveu e explicou a parábola. E todos nós conhecemos essas diferentes reações diante da proposta do Reino. Uns a acolhem, mas logo se deixam cooptar pelas seduções do consumismo e se fecham em seu egoísmo. Outros não aprofundam sua fé, não participam da comunidade, não oram e, assim, não aprofundam suas raízes evangélicas. Há ainda os que se entregam a uma vida hedonista, deixam-se atrair pelos prazeres como se levassem à felicidade, e não assumem com firmeza o projeto do Reino. Mas há aqueles que acolhem a proposta com convicção, agem com coerência, e perseveram na luta por uma sociedade de justiça e paz.

Ninguém acende uma lâmpada para cobri-la com uma vasilha ou colocá-la debaixo da cama. Ele a coloca no candeeiro, a fim de que todos os que entram vejam a luz. De fato, tudo o que está escondido deverá tornar-se manifesto; e tudo o que está em segredo deverá tornar-se conhecido e claramente explícito. Portanto, prestem atenção no que ouvem: a quem tem alguma coisa, será dado ainda mais; e àquele que não tem, será tirado até mesmo o que ele pensa ter.

Àqueles que acolhem a proposta do Reino "será dado ainda mais", ou seja, se sentem realizados e felizes por imprimirem à vida um sentido altruísta. Mas aqueles que a rejeitam, ficam frustrados por não encontrarem sentido no que, de fato, consideram importante.

A proposta do Reino deve ser propagada. E aqueles que a renegam se equivocam, porque seus erros acabarão por ser conhecidos.

A mãe e os irmãos de Jesus se aproximaram, mas não podiam chegar perto dele por causa da multidão. Então disseram a Jesus: "Sua mãe e seus irmãos estão aí fora e querem vê-lo". Jesus retrucou: "Minha mãe e meus irmãos são aqueles que ouvem a Palavra de Deus e a põem em prática".

Sim, nossa família não é apenas aquela à qual estamos unidos por laços de sangue. É integrada por aqueles com quem comungamos os mesmos valores e ideais.

Certo dia, Jesus entrou numa barca com seus discípulos e disse: "Vamos ao outro lado do lago". E partiram. Enquanto navegavam, Jesus adormeceu. Nisso, um vento forte atingiu o lago: a barca se enchia de água, e eles corriam perigo. Os discípulos se aproximaram e acordaram Jesus, dizendo: "Mestre, Mestre, vamos morrer!" Então Jesus se levantou e ameaçou o vento e o furor das águas. Estes pararam, e a calma voltou. Jesus disse aos discípulos: "Onde está a fé de vocês?" Tomados de medo, eles ficaram admirados e diziam entre si: "Quem é esse homem que dá ordens até aos ventos e à água, e eles lhe obedecem?"

Como já sublinhei, os evangelhos foram escritos espelhados no Primeiro Testamento. Não sabemos se esse episódio da barca é histórico, mas temos certeza de que foi inspirado no livro do profeta Jonas (1,1-16). Há uma sequência de analogias entre os dois relatos: Jonas e Jesus estavam em uma barca; ambos enfrentaram a tempestade ao navegar; ambos foram encontrados dormindo por seus companheiros tomados pelo medo; ambos trouxeram a calmaria; e nos dois relatos os navegantes ficaram admirados com o desfecho.

Na teologia, faz-se com frequência comparação da barca com a Igreja, chamada de "barca de Pedro", e que sempre passa por sucessivas tribulações, sem, no entanto, soçobrar.

Lucas, com certeza, estava preocupado com os cristãos que vacilavam na fé, principalmente devido às perseguições sofridas no século I. Enfrentavam "grandes tempestades" sob o silêncio de Deus, como se Jesus dormisse... O evangelista procura convencê-los de que, em breve, viria a calmaria. Há que ter esperança!

Jesus e os discípulos desembarcaram na região de Gérasa, que faz fronteira com a Galileia. Ao descer à terra, um homem da cidade foi ao encontro de Jesus. Possuído por demônios, há muito tempo não se vestia, nem morava em casa, mas em túmulos. Ao ver Jesus, começou a gritar, caiu aos pés dele e falou com voz forte: "O que há entre mim e você, Jesus, Filho do Deus Altíssimo? Eu lhe peço, não me atormenta!" O homem falou assim porque Jesus tinha mandado que o espírito impuro saísse dele. De fato, muitas vezes o espírito tinha tomado posse dele. Para protegê-lo, o prendiam com correntes e algemas; ele, porém, arrebentava as correntes, e os demônios o levavam para lugares desertos. Então Jesus lhe perguntou: "Qual o seu nome?" Ele respondeu: "Meu nome é Legião". Pois muitos demônios tinham entrado nele. Os demônios pediam que Jesus não os mandasse para o abismo.

Havia ali perto uma vara de porcos que pastava na montanha. Os demônios pediram a Jesus que os deixassem entrar nos porcos. Jesus permitiu. Os demônios saíram do homem e entraram nos porcos. E a vara atirou-se monte abaixo para dentro do lago, onde se afogou.

Ao ver o que havia acontecido, os homens que cuidavam dos porcos saíram correndo e espalharam a notícia na cidade e nos campos. E as pessoas foram ver o ocorrido. Ao se aproximar de Jesus, encontraram o homem, de quem os demônios tinham saído, sentado aos pés de Jesus; estava vestido e em seu perfeito juízo. E ficaram com medo.

Os que tinham presenciado o fato propagaram como o endemoninhado tinha sido salvo. E o povo da região dos gerasenos pediu que Jesus fosse embora, para longe deles, porque tinham muito medo. Jesus entrou na barca e foi embora. O homem de quem os demônios tinham saído pediu para seguir Jesus. Mas Jesus o despediu, e disse: "Volte para sua casa e conte tudo o que Deus fez por você". E ele foi embora, proclamando pela cidade inteira tudo o que Jesus havia feito em seu favor.

Gerasenos eram habitantes de Gérasa, uma das dez cidades que formavam a Decápolis[43]. Predominava ali a cultura grega, o que explica a existência da vara de porcos, animais repudiados pelos judeus como impuros (*Levítico* 11,7-8).

Por seus transtornos mentais, o "possesso" havia sido excluído da cidade e, por isso, se refugiava no cemitério. Estava socialmente "morto". Ao exorcizá-lo, Jesus fez os "demônios" entrarem nos porcos, que se precipitaram em uma escarpa, caíram no lago e morreram afogados. Podemos imaginar a reação do dono da vara de porcos...

Jesus demonstrou que, para ele, a vida humana está acima de tudo, inclusive do direito de propriedade.

Mas há, no relato, outro significado implícito: o nome do demônio era Legião! As legiões romanas – cada uma comportava 6 mil soldados – ostentavam, em suas bandeiras, a imagem do porco, o que era considerado uma forte ofensa aos judeus. Ao expulsar a vara, Lucas reforça a opinião de Jesus: os romanos devem ser expulsos da Palestina! César não tem o direito de governar um reino que é de Deus!

Por que os gadarenos pediram a Jesus que deixasse a região? Porque ele passou a correr risco de vida ao violar o direito de propriedade, causar grande prejuízo à produção suína e ainda expressar repúdio à ocupação romana.

---

43. As dez cidades eram Damasco, Filadélfia, Rafana, Citópolis, Gadara, Hipos, Diom, Pela, Gérasa e Canata.

Ao retornar, Jesus foi recebido por muitas pessoas que o esperavam. Então, veio a Ele um homem chamado Jairo, chefe da sinagoga local. Caiu aos pés de Jesus e pediu com insistência que fosse à sua casa. Ele tinha uma filha única, de 12 anos, prestes a morrer. Enquanto Jesus caminhava, as pessoas o rodeavam.

Em certo momento, se acercou uma mulher que há doze anos sofria de hemorragia. Ninguém tinha conseguido curá-la. Ela se aproximou por trás e tocou na barra da roupa de Jesus. No mesmo instante, a hemorragia estancou. Então Jesus perguntou: "Quem tocou em mim?" Todos negaram, e Pedro disse: "Mestre, as pessoas o cercam e o pressionam!" Jesus insistiu: "Alguém me tocou, pois senti uma força sair de mim". A mulher, ao ver que havia sido descoberta, começou a tremer e caiu aos pés de Jesus. Contou, diante de todos, o motivo pelo qual tocara em Jesus, e como tinha sido curada no mesmo instante. Jesus disse à mulher: "Minha filha, sua fé a curou. Vá em paz".

Jesus ainda falava, quando um funcionário da casa do chefe da sinagoga chegou e comunicou a Jairo: "Sua filha morreu; não incomode mais o Mestre". Jesus escutou a notícia e disse a Jairo: "Não tenha medo; apenas tenha fé, e ela será salva".

Ao chegar na casa, Jesus não deixou ninguém entrar com Ele, a não ser Pedro, João e Tiago, junto com o pai e a mãe da menina. Todos choravam e batiam no peito por causa dela. Jesus disse: "Não chorem: ela não morreu. Apenas dorme".

Os presentes começaram a zombar de Jesus; sabiam que a menina já estava morta. No entanto, Jesus tomou a menina pela mão e a chamou: "Menina, levante-se". Ela voltou a respirar, levantou-se no mesmo instante, e Jesus mandou que lhe dessem de comer. Seus pais ficaram muito admirados. E Jesus lhes ordenou não dizerem nada a ninguém sobre o ocorrido.

Os dois episódios envolvem mulheres: uma adulta e uma adolescente. É curioso que Jesus tenha sido procurado por um fariseu, chefe da sinagoga, cujo nome era Jairo. Tratava-se de um pai desesperado frente a morte da filha. Ao acompanhá-lo até a casa, Jesus foi abordado por uma mulher que há doze anos sofria de sangramento vaginal. Isso a incluía entre as pessoas consideradas "impuras" pelos fariseus. Portanto, era uma pessoa duplamente discriminada: por ser mulher e padecer de enfermidade crônica.

A mulher buscou a cura em Jesus, como o chefe da sinagoga buscou a salvação da filha. Vale observar que Jesus, ao curar a mulher, não atribuiu o mérito a si próprio, mas à fé da enferma.

No tempo de Jesus os funerais judaicos contavam com flautistas. Jesus fez saírem as pessoas que ocupavam a casa, notou que a menina agonizava, mas não morrera, e a salvou. Para o legalismo religioso da época, era uma abominação alguém tocar em cadáver, pois supostamente a menina estava morta. No entanto, Jesus "tomou a menina pela mão".

Capítulo 9

Jesus convocou os Doze e deu-lhes poder e autoridade sobre as forças do mal, e o dom de curar doenças. E os enviou a anunciar o Reino de Deus. E recomendou: "Não levem nada no caminho: nem bastão, sacola e pão; nem dinheiro e duas túnicas. Em qualquer casa onde entrarem, permaneçam ali até se retirarem do lugar. E àqueles que não os acolherem, ao sair da cidade sacudam a poeira dos pés em protesto contra eles".

Os discípulos partiram para percorrer os povoados, anunciar a Proposta do Reino e fazer curas em todos os lugares.

Jesus não guardou para si os dons que tinha. Como bom pedagogo, partilhou-os com seus companheiros. E, ao enviá-los em missão, aconselhou que na militância tivessem atitudes despojadas, sem demonstrar interesse por bens e dinheiro. Deveriam depender da hospitalidade local para suprir suas necessidades. E não ficar mudando de casa em casa em busca de melhores acomodações.

Quantos portadores de propostas libertadoras, hoje em dia, dão testemunho de despojamento, a exemplo de Gandhi, Luther King e José Mujica, ex-presidente do Uruguai?

Fidel dizia que um revolucionário pode perder tudo: o emprego, ao ser despedido por causa de suas ideias; a família, ao se sentir obrigado a entrar na clandestinidade por estar sob perseguição; a liberdade, ao ser preso; a vida, ao ser assassinado. Só não pode perder a moral. Quando perde a moral – por ser corrupto, traidor ou oportunista – é toda a causa que ele representa que se desmoraliza aos olhos alheios.

Jesus recomendou a seus companheiros o desapego de bens para que o testemunho ético deles repercutisse com mais força.

O governador Herodes, ao ouvir falar de tudo que acontecia, ficou sem saber o que pensar, porque alguns diziam que João Batista havia ressuscitado dos mortos; outros, que Elias tinha reaparecido; outros ainda, que um dos antigos profetas havia ressuscitado. Herodes indagou: "Eu mandei degolar João. Quem é esse homem, sobre quem ouço falar essas coisas?" E queria ver Jesus.

A atividade libertadora de Jesus chegou aos ouvidos do governador da Galileia e da Pereia. Muitas pessoas, que acreditavam em reencarnação, opinavam que Jesus era João Batista ressuscitado; outros, que Elias, afinal, tinha vindo preparar a manifestação do Messias, como previu, no Primeiro Testamento, o profeta Malaquias (4,5).

Os apóstolos voltaram e contaram a Jesus tudo o que haviam feito. Jesus se retirou com eles para um lugar afastado no rumo de Betsaida[44]. No entanto, muitos ficaram sabendo e os seguiram. Jesus acolheu-os, falava-lhes sobre o Reino de Deus, e restituía a saúde a todos os que precisavam de cura.

Os companheiros de Jesus avaliavam com Ele suas atividades. E, para isso, buscavam "um lugar afastado", um retiro próximo a Betsaida.

A noite se aproximava. Os doze apóstolos disseram a Jesus: "Despede esse povo. Assim podem ir aos povoados e campos vizinhos para procurar alojamento e comida, porque estamos em lugar deserto". Mas Jesus retrucou: "Vocês devem lhes dar de comer". Eles alegaram: "Só temos cinco pães e dois peixes... A não ser que compremos comida para toda essa gente!"

---

44. Vila de pescadores na costa norte do lago da Galileia. Localizada no território governado por Herodes Filipe, era a cidade natal de Pedro, André e Filipe. Jesus, mais tarde, amaldiçoou a cidade por rejeitá-lo (10,13).

De fato, havia ali cerca de 5 mil pessoas. Jesus disse aos discípulos: "Mandem todos se sentar em grupos de cinquenta". Os discípulos assim fizeram, e todos se agruparam. Então Jesus tomou os cinco pães e os dois peixes, ergueu os olhos ao céu, pronunciou sobre eles a bênção e os partiu, e deu aos discípulos a fim de distribuírem ao povo. Todos comeram, ficaram satisfeitos e ainda foram recolhidos doze cestos de pedaços que sobraram.

Além da ressurreição, a partilha dos pães e dos peixes é o único "milagre"[45] descrito pelos quatro evangelhos. Ao sugerir a Jesus despedir o povo, os apóstolos optaram pela omissão, como quem prega a Palavra de Deus e, no entanto, ignora as carências concretas do povo.

Jesus rechaçou a sugestão. Exigiu que seus companheiros assumissem a responsabilidade de saciar a fome do povo. Eles raciocinaram em termos comerciais. Só haveria solução se comprassem alimentos. Mas Jesus instrui-os a organizar o povo, em grupos de cinquenta. Só a organização popular é capaz de solucionar as dificuldades que afetam a população.

Havia ali cinco pães e dois peixes. Aqui entra o mesmo fator que analisamos ao tratar dos 40 dias que Jesus passou no deserto, onde foi tentado, e o significado do número 40 na tradição bíblica.

Ora, 5 pães + 2 peixes = 7. Se escrevo 8, todos sabem que se trata de oito unidades. Se escrevo ∞ (o 8 deitado), muitos sabem que não se trata de má caligrafia, e sim do símbolo de infinito. Assim como o 8 deitado significa infinito, na Bíblia o 7 significa muitos, o que não se pode contar. Na primeira página do Gênesis (2,2) consta que Javé criou o mundo em sete dias. Isso quer dizer que a Criação se deu num longo processo evolutivo, como atesta a ciência.

---

45. Ponho a palavra entre aspas porque, como veremos, não houve milagre, no sentido de multiplicação material da quantidade de pães e peixes.

Também no Gênesis (41,1-7) está escrito que o faraó do Egito sonhou ver sete vacas gordas e sete magras; sete espigas de trigo bonitas e sete mirradas, simbolizando que após um período de fartura virá outro de seca e penúria. No Evangelho de Mateus (18,22), Jesus afirma que os nossos pecados serão perdoados não apenas sete vezes, "mas até setenta vezes sete", para expressar a misericórdia infinita de Deus.

Portanto, havia ali – onde se encontravam Jesus e os discípulos com a multidão (5 mil pessoas, informa Lucas) – muitos pães e muitos peixes. Isso parece óbvio. Se, hoje, uma multidão se reúne na praça principal da cidade, imediatamente surgem vendedores ambulantes com as mais variadas ofertas: cachorro-quente, pastel, empada, doce, refrigerante etc. O mesmo deve ter ocorrido na ocasião. A diferença é que não havia carrinhos para transportar pães e peixes. Foram levados em cestos. E ainda restaram doze com os "pedaços que sobraram". Isso comprova que havia muito mais cestos ali e, certamente, não chegaram vazios.

Em suma, é dever dos cristãos assumirem a defesa dos direitos dos pobres, como a alimentação, e participar do incentivo à organização popular, de modo que o povo se torne sujeito de seu processo libertador.

> Certo dia, Jesus orava em um lugar retirado, em companhia dos discípulos. Então perguntou a eles: "O que as pessoas dizem que sou?" Eles disseram: "Alguns dizem que é João Batista; outros, Elias; e há ainda os que acham que é algum dos antigos profetas que ressuscitou". Jesus indagou: "E vocês, o que dizem?" Pedro interveio: "O Messias de Deus". Então Jesus proibiu severamente que contassem isso a alguém. E acrescentou: "O Filho do Homem deve sofrer muito, ser rejeitado pelos anciãos, pelos chefes dos sacerdotes e doutores da Lei, e deve ser morto e ressuscitar no terceiro dia".

É difícil a qualquer pessoa indagar a amigos, parentes, colegas de trabalho, "o que pensam de nós?" Em geral, não gostamos de críticas, ferem a nossa vaidade. Preferimos a ilusão de que as pessoas pensam de nós o que gostaríamos que pensassem... Em muitos grupos dos quais participei, praticávamos a crítica e autocrítica. Uma vez por mês, todos avaliavam a prática dos demais companheiros e companheiras. Assim foi no cárcere[46], na equipe de educação popular do Cepis, no Grupo do Mé, do qual Lula participava[47].

Jesus ousou fazer essa difícil indagação a seus companheiros. E a resposta deles deixa transparecer que acreditavam em reencarnação. A confissão de Pedro, entretanto, sela a natureza divina de Jesus, o Messias esperado há séculos (mas não assimilado pelas autoridades judaicas da época, pois nem Elias havia voltado para preceder a vinda do Messias, como prevê o Primeiro Testamento [*Malaquias* 4,5], nem Jesus correspondia ao que se esperava de um Messias que restauraria o reinado de Davi).

O último versículo, que se refere ao sofrimento do Filho do Homem, é uma adição de Lucas que, na década de 80, já tinha plena ciência do que havia ocorrido a Jesus. E, também, confirmação da descrição que Isaías, 700 anos antes, fez do "Servo Sofredor" (53,3-12).

> Em seguida, Jesus disse a todos: "Se alguém quer me seguir, renuncie a si mesmo, tome cada dia a sua cruz e me siga. Pois, quem quiser salvar a sua vida, vai perdê-la; mas quem perde a sua vida por causa de mim, esse a salvará. De fato, que adianta

---

46. Cf. meus *Cartas da prisão*. São Paulo: Companhia das Letras, 2017, e *Diário de Fernando* – Nos cárceres da ditadura militar brasileira. Rio de Janeiro: Rocco, 2009.

47. Cf. meu *A mosca azul* – Reflexão sobre o poder. Rio de Janeiro: Rocco, 2006.

um homem ganhar o mundo inteiro para depois se perder e prejudicar a si mesmo?"
Se alguém se envergonhar de mim e das minhas palavras, o Filho do Homem também se envergonhará dele quando vier na sua glória, na glória do Pai e dos santos anjos. Garanto a vocês: alguns aqui presentes não morrerão sem ter visto o Reino de Deus.

Lucas escreve às comunidades primitivas coagidas a renegar a nova fé, a fé em Jesus. Muitos, diante de pressões e ameaças, abjuravam. O evangelista reanima-os na esperança sob promessa de que a manifestação do Reino de Deus não tardaria.

A militância a favor do Reino exige renúncias e sacrifícios. Jesus não blefava, falava e fazia tudo às claras. E seu paradoxo é prenhe de sabedoria: aqueles que se empenham em "ganhar a vida" e acumulam bens, acabam escravos na administração de suas posses. Muitos se envolvem em maracutaias e corrupções. Mas quem assume a militância por uma nova sociedade de justiça e paz aprende que a vida vale a pena segundo o sentido que imprimimos a ela. O verdadeiro valor da vida reside em seu significado.

Oito dias depois, Jesus tomou consigo Pedro, João e Tiago e subiu à montanha para orar. Enquanto orava, seu rosto mudou de aparência e sua roupa ficou muito branca e brilhante. Dois homens falavam com Jesus: Moisés e Elias. Apareceram na glória, e conversavam sobre o êxodo de Jesus que aconteceria em Jerusalém.

Pedro e os companheiros dormiam profundamente. Ao acordarem, viram a glória de Jesus e os dois homens com Ele. Quando Moisés e Elias já se afastavam, Pedro sugeriu a Jesus: "Mestre, seria bom ficarmos aqui. Vamos erguer três tendas: uma para você, outra para Moisés e outra para Elias".

Pedro não sabia o que dizia. Ele ainda falava, quando desceu uma nuvem e os encobriu com sua sombra. Os discípulos ficaram com medo ao serem encobertos pela nuvem. Mas da nuvem se manifestou uma voz: "Este é o meu Filho, o Escolhido. Ouçam o que Ele diz!" Quando a voz se fez ouvir, Jesus estava sozinho. Os discípulos ficaram calados e, naqueles dias, não contaram a ninguém o que tinham visto.

Jesus era homem de oração, e Lucas é o evangelista que mais acentua isso. Nesse episódio, Jesus sobe a montanha para orar, e não para ter a experiência mística conhecida como "transfiguração". Aliás, Lucas "não fala em 'transfiguração' (literalmente metamorfose), certamente porque esse termo tinha conotações pagãs para um grego: prefere falar em mudança de aparência do rosto de Jesus e, mais adiante, de sua glória. Esses termos evocam a narração do Sinai, na qual o rosto de Moisés foi 'glorificado' (*Êxodo* 34,29-30)"[48].

Lucas informa o tema da conversa entre Jesus, Moisés e Elias – falavam "sobre o êxodo de Jesus", ou seja, de como Jesus, em Jerusalém, sairia para a sua glória. A narrativa é uma prefiguração da ressurreição. E reforça a tese de que Jesus é o novo Moisés e, portanto, tem o poder de mudar a Lei, e é também o novo Elias, profeta que indica o projeto de Deus na história[49].

Pedro, frente à visão mística, sugeriu a Jesus construir três tendas e ficarem ali no alto da montanha. Típica reação de quem considera que os dons espirituais são para proveito próprio e não para nos fortalecer na entrega de si aos outros. Quantos cristãos, sobretudo padres, freiras e frades, não querem "descer da montanha"...

---

48. GEORGE, A. *Leitura do Evangelho segundo Lucas. Op. cit.*, p. 31.

49. "O êxodo de Jesus é a sua paixão, morte e ressurreição. Pelo seu 'êxodo' Ele vai quebrar o domínio da propaganda do governo e da religião oficial, que mantinha todos presos dentro da visão do Messias glorioso nacionalista. Jesus vai liberar o povo, para que possa enxergar de novo o verdadeiro sentido do Reino de Deus" (MESTERS, C.; LOPES, M. *O avesso é o lado certo. Op. cit.*, p. 74).

A nuvem, na Bíblia, é o lugar de teofania, de manifestação de Deus (*Êxodo* 13,21; 40,35). Como no batismo, Javé se manifesta de novo (*Deuteronômio* 5,24). Só que, desta vez, se dirige aos discípulos. A descrição do episódio nos fornece o alicerce da crença da Santíssima Trindade.

No dia seguinte, quando desceram da montanha, muitas pessoas foram ao encontro deles. Um homem gritou do meio do povo: "Mestre, eu lhe peço, venha acudir meu filho, meu único filho. Um espírito o ataca e, de repente, solta gritos e o sacode e o faz espumar. Pedi aos seus discípulos para expulsarem o espírito, mas não conseguiram".

Jesus exclamou: "Ó geração sem fé e pervertida! Até quando deverei ficar com vocês e ter que suportá-los? Traga o menino aqui". Quando o menino se aproximava, o demônio o jogou no chão e o sacudiu. Então Jesus deu ordens ao espírito impuro, e curou o menino. Depois o entregou a seu pai. Todos ficaram admirados com a grandeza de Deus.

É provável que o garoto sofresse de epilepsia, o que, na época, era tido como possessão demoníaca. Jesus lamentou que os discípulos não tivessem fé suficiente para operar a cura.

O povo se admirava com tudo o que Jesus fazia. Então preveniu os discípulos: "Prestem atenção ao que vou dizer: o Filho do Homem será entregue às autoridades". Mas os discípulos nem sempre compreendiam o que Jesus falava. Era enigmático para eles. E tinham medo de fazer perguntas sobre o assunto.

Jesus pressentia que seu fim seria semelhante ao de João Batista e de tantos profetas. Mas seus companheiros preferiam não encarar os fatos de frente, como muitas vezes ocorre quando nos deparamos com adversidades. Assim, Jesus insistia para que abandonassem as ilusões e mantivessem os pés no chão. Eles, porém, evitavam fazer perguntas para não ter que assumir a realidade.

Houve entre os discípulos uma discussão para saber qual deles seria o maior. Jesus conhecia o que pensavam. Chamou então uma criança, colocou-a junto de si e disse: "Quem receber esta criança em meu nome, recebe a mim. E quem me receber, recebe aquele que me enviou. Pois aquele que é o menor entre vocês, esse é o maior".

Em quase todos os grupos humanos há disputa de poder. Porque o poder preenche o ego: eleva a autoestima, torna o desejável possível, atrai admiração e bajulação, suscita atitudes servis de quem rodeia o poderoso. Não foi diferente no Movimento de Jesus. Alguns entendiam a proposta do Reino como se Jesus fosse restaurar a monarquia de Davi, assumir o poder em Israel e nomeá-los "ministros"[50]... Por isso Jesus citou a criança como exemplo, pois em geral são despretensiosas. E ainda enfatizou que amparar um excluído, uma pessoa humilde, é acolher o próprio Deus. A lógica do Reino de Deus exige o poder como serviço, e não como mando e imposição.

João contou a Jesus: "Mestre, vimos um homem que expulsa demônios em seu nome. Mas nós o proibimos, porque não participa de nossa comunidade". Jesus objetou: "Não o proíbam. Quem não está contra vocês, está a favor".

Jesus manifestou aqui seu antifundamentalismo. Não basta exibir gravada na testa a palavra "cristão" para ser considerado discípulo de Jesus. A árvore se conhece pelos frutos, assim como a prática é o critério da verdade. Quem faz o bem, ama e promove a partilha, caminha nos passos de Jesus – ainda que em nome de uma causa política ou meramente humanitária.

---

50. O termo "ministro" deriva do latim *minus* (menor) – aquele que serve aos menores, ou seja, a quem ocupa os menores lugares na escala social e/ou aquele que faz os menores serviços, como o de faxina. Quem dera que os ministros dos governos fossem todos assim...

A narrativa mostra que os discípulos tinham ciúmes de alguém que, sem pertencer ao Movimento do Reino, promovia o bem. Alguém "que não participa de nossa comunidade"... Os discípulos, picados pela mosca azul, queriam ser seguidos, e não seguidores. Jesus deu duas razões para não impedirem a ação daquela pessoa: 1) Quem se comprometia com os valores de Jesus não podia depois falar mal dele; 2) Quem não estava contra eles, somava-se a eles.

Aproximava-se o tempo de Jesus ser arrebatado[51]. Então, Ele tomou a firme decisão de partir para Jerusalém, e enviou mensageiros à sua frente. Estes puseram-se a caminho e entraram em um povoado de samaritanos para conseguir alojamento. Mas os samaritanos não o receberam, porque Jesus dava a impressão de se dirigir a Jerusalém. Diante disso, os discípulos Tiago e João disseram: "Senhor, deseja que mandemos descer fogo do céu para acabar com eles?" Jesus, porém, os repreendeu. E partiram para outro povoado[52].

Até o capítulo 19, Lucas descreve a viagem de Jesus da Galileia a Jerusalém, o que exigia atravessar a Samaria. Os samaritanos tinham rixa com os habitantes da Judeia. Enquanto estes con-

---

51. A expressão "arrebatado" evoca o profeta Elias, que foi arrebatado ao céu (*2Reis* 2,9-11).

52. "A palavra 'samaritano' vem de Samaria, capital do Reino de Israel no Norte. Depois da morte de Salomão, em 931 antes de Cristo, as dez tribos do Norte se separaram do reino de Judá, no Sul, e formaram um reino independente (*1Reis* 12,1-33). O Reino do Norte sobreviveu durante uns 200 anos. Em 722 a.C., o território foi invadido pela Assíria. Grande parte de sua população foi deportada (*2Reis* 17,5-6) e gente de outros povos trazida para a Samaria (*2Reis* 17,24). Houve mistura de raça e de religião (*2Reis* 17,25-33). Desta mistura nasceram os *samaritanos*. Os judeus do Sul desprezavam os samaritanos como infiéis e adoradores de falsos deuses (*2Reis* 17,34-41). Chegaram a ponto de dizer que ser samaritano era coisa do diabo (*João* 8,48). Muito provavelmente a causa deste ódio não eram só a raça e a religião. Era também um problema político-econômico, ligado à posse da terra. Esta rivalidade perdurava até o tempo de Jesus" (MESTERS, C.; LOPES, M. *O avesso é o lado certo. Op. cit.*, p. 89).

sideravam que Javé devia ser adorado em Jerusalém, no Templo, os samaritanos o faziam no Monte Garizim. Viravam as costas aos peregrinos que ali passavam rumo à Judeia. Por sua vez, as autoridades religiosas de Jerusalém consideravam os samaritanos "impuros" e os tratavam com solene desprezo[53].

Ora, vimos acima (9,54) que os irmãos Tiago e João tinham pavios curtos, daí serem apelidados de "filhos do trovão". E propuseram incendiar a localidade... O que demonstra o grau de humanidade dos apóstolos, gente como a gente, e não homens perfeitos que exalavam santidade.

> Enquanto caminhavam, alguém disse a Jesus: "Eu o seguirei para onde você for". Jesus advertiu-o: "As raposas têm tocas e os pássaros, ninhos; mas o Filho do Homem não tem onde repousar a cabeça".
>
> Jesus disse a outro: "Siga-me". O homem relutou: "Primeiro irei sepultar meu pai". Jesus insistiu: "Deixe que os mortos sepultem os mortos; e você venha anunciar o Reino de Deus".
>
> Outro homem disse a Jesus: "Vou segui-lo, Senhor, mas permita que, primeiro, vá despedir de minha família". Jesus observou: "Quem põe a mão no arado e olha para trás não serve para o Reino de Deus".

Esses episódios refletem bem as condições da militância proposta por Jesus: 1) Despojamento, saber lidar com privações e inseguranças materiais; 2) Abraçar a causa do Reino sem preservar vínculos que possam prejudicá-la, como dar mais importância aos laços familiares do que à própria causa; 3) Encarar o futuro, nutrir-se de utopia, sem se prender a nostalgias do passado. Em suma, esperançar, como dizia Paulo Freire, que significa empenhar-se na conquista do que se espera.

---

53. "Há duas nações que a minha alma detesta e uma terceira que nem sequer é nação: os habitantes da montanha de Seir, os filisteus e o povo estúpido que habita em Siquém" (*Eclesiástico* 50,25-26). Siquém era uma cidade da Samaria. Ali o patriarca Abraão ergueu o primeiro altar ao ingressar na Palestina (*Gênesis* 12,6-7).

Capítulo 10

O Senhor escolheu outros setenta e dois discípulos[54] e os enviou, dois a dois, na sua frente, para cidades e lugares aonde Ele próprio devia ir. E frisou: "A colheita é grande, mas os trabalhadores são poucos. Por isso peçam ao dono da propriedade mandar trabalhadores para a colheita. Partam! Envio vocês como cordeiros ao meio de lobos. Não levem bolsa, sacola e sandálias, e não parem no caminho para cumprimentar ninguém. Em qualquer casa onde entrarem, digam primeiro: 'A paz esteja nesta casa!' Se ali morar alguém de paz, a paz de vocês repousará sobre ele; se não, voltará a vocês. Permaneçam nessa mesma casa, comam e bebam do que oferecerem, porque o trabalhador merece o seu salário. Não pulem de casa em casa. Ao entrarem em uma cidade e forem bem recebidos, comam o que servirem e curem os doentes que nela houver. E digam ao povo: 'O Reino de Deus está próximo de vocês!' Mas ao entrarem em uma cidade e não forem bem recebidos, saiam pelas ruas e digam: 'Até a poeira dessa cidade, que se grudou em nossos pés, sacudimos contra vocês. Apesar disso, saibam que o Reino de Deus está próximo'. Eu asseguro: no dia do julgamento, Deus será mais tolerante com Sodoma do que com tal cidade".

Jesus reiterou o despojamento que deveria caracterizar os militantes do Reino. E os riscos ("ovelhas no meio de lobos"). Portanto, quem abraça a causa do Reino não deve criar expectativas ingênuas, deve estar preparado para situações conflitivas. E

---

54. Lucas sugere que esses novos 72 discípulos e discípulas eram todos samaritanos.

aceitar de seus companheiros e companheiras a hospitalidade que podem oferecer, sem exigências descabidas e burguesas.

"Comam o que servirem", não se atenham a ficar discutindo sobre a pureza ou impureza dos alimentos. "Não parem no caminho para cumprimentar ninguém", ou seja, não percam tempo com coisa alguma (*2Reis* 4,29).

"No dia do julgamento, Deus será mais tolerante com Sodoma do que com tal cidade." O castigo aplicado por Javé a Sodoma está narrado em *Gênesis* 18,16-33.

> Ai de você, Corazim! Ai de você, Betsaida! Porque se em Tiro e Sidônia tivessem sido realizados os milagres ocorridos no meio de vocês, há muito tempo teriam feito penitência, vestindo-se de cilício e sentado sobre cinzas. Pois bem: no dia do julgamento, Tiro e Sidônia terão uma sentença menos dura do que a de vocês.
> Ai de você, Cafarnaum! Será erguida até o céu? Será jogada no inferno, isso sim!
> Quem escuta vocês, escuta a mim, e quem rejeita vocês, rejeita a mim; e quem me rejeita, rejeita aquele que me enviou.

Corazim ficava 3km ao norte de Cafarnaum; Betsaida, a cerca de 10km, na foz do rio Jordão. Os habitantes de ambas as cidades o rejeitaram e, por isso, Jesus considerou que tinham mais culpa do que as cidades pagãs de Tiro e Sidônia, hoje situadas no Líbano. No entanto, a indiferença dos habitantes de Cafarnaum lhe causava mais indignação, pois ali Ele tinha pouso frequente na casa da família de Pedro.

Lucas destaca essas reações de indignação de Jesus porque os judeus daquelas cidades da Galileia permaneciam indiferentes à proposta do Reino. Além disso, na época em que Lucas escreveu seu relato evangélico, Corazim e Betsaida eram sedes de escolas rabínicas onde se ensinava a Lei, ou seja, academias teológicas nas quais se concentrava a intelectualidade religiosa judaica, que repudiava os judeus que haviam abraçado a proposta do Nazareno.

E, ao encerrar, Jesus validou a pregação de seus discípulos e reiterou a confiança neles.

> Os setenta e dois retornaram muito alegres e contaram: "Senhor, até os demônios nos obedecem por causa do seu nome". Jesus observou: "Vi Satanás cair do céu como um relâmpago. Vejam: dei a vocês o poder de pisar em cima de cobras e escorpiões e sobre toda a força do inimigo, e nada poderá fazer mal a vocês. Contudo, não se alegrem porque os maus espíritos obedecem a vocês; antes, fiquem alegres porque os nomes de vocês estão inscritos no céu".

Jesus corrigiu os discípulos: o contentamento deles não deveria ser pelos méritos do que faziam, e sim pelo fato de terem recebido a graça de Deus e assumirem a causa do Reino.

"Ter o nome inscrito no céu é ter a certeza de ser conhecido e amado pelo Pai"[55].

> Em certo momento, Jesus se exultou no Espírito Santo e exclamou: "Eu te louvo, Pai, Senhor do céu e da terra, porque escondeste essas coisas aos sábios e entendidos, e as revelaste aos pequeninos. Sim, Pai, porque assim foi do teu agrado. Meu Pai entregou tudo a mim. Ninguém conhece quem é o Filho, a não ser o Pai, e ninguém conhece quem é o Pai, a não ser o Filho e aquele a quem o Filho quiser revelar".

É o Espírito Santo que nos impele à oração, como afirma o apóstolo Paulo: "O Espírito clama em nós *Abba!* Pai!" (*Carta aos Romanos* 8,15.26; *Carta aos Gálatas* 4,6). Aqui se comprova a opção de Jesus pelos excluídos! Ele expressa seu louvor a Deus, a quem chamava de "Papai" (*Abba*, em aramaico, o idioma que

---

55. MESTERS, C.; LOPES, M. *O avesso é o lado certo. Op. cit.*, p. 84.

Jesus falava), por revelar seu projeto do Reino "aos pequeninos" e ocultar dos "sábios e entendidos". Não porque Deus exclua alguém do seu amor, e sim porque os "sábios e entendidos", convencidos de seus conhecimentos e "saciados" de bens, não costumam ter abertura ao projeto de Deus na história. Mas se quiserem entender a proposta de Jesus, então os sábios e entendidos devem fazer opção pelos "pequeninos", colocar-se no lugar social deles, pois quando mudamos de lugar social, mudamos de lugar epistêmico, e muda a nossa ótica no modo de entender a realidade.

Jesus concluiu sua oração de louvor ao afirmar que é Ele quem nos revela Deus. De fato, não creio em Jesus por crer em Deus. Creio em Deus por crer em Jesus. Como dizia Dostoiévski, "ainda que me provassem que Cristo não estava com a verdade, eu ficaria com Cristo".

> Jesus disse em particular aos discípulos: "Felizes os olhos que enxergam o que vocês veem. Digo a vocês que muitos profetas e reis quiseram ver o que vocês veem, e não puderam; quiseram ouvir o que ouvem e, também, não puderam".

Jesus tinha plena consciência de que era portador de uma grande novidade. Sentia-se feliz por isso e partilhava com seus discípulos esse estado de espírito. E os ensinava a ver a realidade com olhos diferentes.

> Um doutor da Lei se levantou e, para tentar Jesus, perguntou: "Mestre, o que devo fazer para receber em herança a vida eterna?" Jesus devolveu-lhe a questão: "O que diz a Lei? Como você lê?" Ele respondeu: "Ame o Senhor, seu Deus, com todo o seu coração, toda a sua alma, toda a sua força e toda a sua mente; e ao seu próximo como a si mesmo"[56]. Jesus concluiu: "Respondeu certo. Faça isso e viverá!"

---

56. Conhecida como *shemá*, esta oração é recitada diariamente pelos judeus piedosos. Aqui ela está acrescida do versículo de *Levítico* 19,18: "E ao seu próximo como a si mesmo".

Eis a pergunta oportunista de quem já garantiu para si, através de seus bens, a vida terrena. Agora quer saber como "receber em herança a vida eterna".

Vê-se claramente que o teólogo fariseu armou uma "pegadinha" para Jesus. Pretendia criar-lhe embaraço para poder acusá-lo. Porém Jesus, mais esperto, devolveu-lhe a pergunta. Se era um homem instruído na Lei de Moisés, por que perguntar? E sua resposta foi típica da academia, doutrinária e abstrata. Jesus apenas observou que estava correta.

> Mas o doutor da Lei quis se justificar e perguntou a Jesus: "E quem é o meu próximo?" Jesus respondeu: "Um homem, ao descer de Jerusalém para Jericó, caiu em mãos de assaltantes que lhe arrancaram tudo e o espancaram. Depois, foram embora, e o deixaram quase morto".
>
> "Por acaso, um sacerdote descia por aquele caminho; ao ver o homem, passou adiante, pelo outro lado. O mesmo aconteceu com um levita: chegou ao local, viu e passou adiante, pelo outro lado."

Diante da reação de Jesus, o doutor da Lei caiu em si. Pisara na armadilha que ele mesmo preparara. Então fez a segunda pergunta: "Quem é o meu próximo?" A resposta de Jesus foi de outra qualidade. Nada de conceitos acadêmicos. Como um educador popular, Jesus não ficou na teoria, desceu à prática. Contou um "causo", que os evangelhos chamam de "parábola"[57].

Talvez o caso tenha sido real: um homem descia de Jerusalém para Jericó. A distância entre as duas cidades é de 30km e, entre elas, fica o deserto de Judá, refúgio de marginais e assaltan-

---

[57]. "As parábolas, como casos tirados da vida e destinados a provocar quem ouvia, permitiam diversas interpretações, porque deixavam a questão em aberto. Várias parábolas terminam inclusive como uma expressão um tanto enigmática: 'quem tem ouvidos para ouvir, ouça'" (VASCONCELLOS, P.L. *A Boa Notícia segundo a comunidade de Lucas. Op. cit.*, p. 70). Cf. meu *Parábolas de Jesus – Ética e valores universais*. Petrópolis: Vozes, 2017.

tes. É provável que tenha sido confundido com um dos inúmeros comerciantes que, durante as festas religiosas, subiam a Jerusalém para fazer negócios, vender mercadorias aos peregrinos. E traziam dinheiro consigo.

A gritante pobreza daquela época decorria também do crescente desemprego. Os latifundiários tomavam as terras dos camponeses para ampliar suas propriedades. Muitos desempregados recorriam à criminalidade para sobreviver. Aqueles assaltantes – sobre os quais Jesus não fez nenhum juízo – possivelmente espancaram a vítima porque ela não portava a fortuna que esperavam encontrar. E largaram o homem semimorto à beira da estrada.

Jesus incluiu na narrativa duas figuras aliadas ao doutor da Lei: um sacerdote e um levita. Os levitas eram, na maioria, religiosos não sacerdotes do Templo, onde cuidavam da música, dos objetos do culto etc. Os dois, embora consagrados a Javé e, em princípio, de quem se esperava um testemunho de amor ao próximo, encontraram a vítima espoliada e fizeram de conta que não viram. Omitiram-se e seguiram adiante, como tantos de nós ao nos deparar com violações dos direitos humanos e fazer vista grossa para "não ter problemas"...

Diante do teólogo, Jesus não perdeu a oportunidade de fazer uma crítica contundente aos religiosos e à religião do Templo de Jerusalém.

> Mas um samaritano viajava por aquela estrada e, ao avistar a vítima, teve compaixão. Aproximou-se dela, fez curativos, derramou azeite e vinho nas feridas[58]. Depois, colocou o homem em seu próprio animal, e o levou a uma hospedaria, onde cuidou dele. No dia seguinte, pegou duas moedas de prata, entregou-as ao dono da hospedaria e recomendou: 'Tome conta dele. Quando eu retornar, pagarei o que tiver sido gasto a mais com ele'".

---

58. Azeite e vinho avinagrado eram usados para desinfetar feridas, aliviar a dor e ajudar na cicatrização.

Jesus ousou citar como exemplo de amor ao próximo, para um doutor da Lei da Judeia, um samaritano! Para o doutor, um ser desprezível! Seria o mesmo que, hoje, citar para um judeu fundamentalista, como exemplo, a atitude solidária de um palestino. Habitantes da Judeia e da Samaria se odiavam. Os samaritanos tinham uma visão e uma prática do judaísmo que não coincidia com as dos judeus da Judeia[59].

O samaritano não apenas cuidou do homem que havia sido espancado, como interrompeu sua viagem, colocou-o sobre o seu animal e levou-o a uma hospedaria. E ainda desembolsou recursos para que nada faltasse a ele.

> Ao final, Jesus perguntou: "Na sua opinião, qual dos três foi o próximo do homem que caiu nas mãos dos assaltantes?" O doutor da Lei respondeu: "Aquele que praticou misericórdia para com ele". Então Jesus concluiu: "Vá e faça a mesma coisa".

Haja pedagogia! Jesus não arrematou o episódio. Levou o teólogo a tirar sua conclusão. Vale observar que ele não respondeu: "O samaritano". Porque a simples pronúncia dessa palavra já o faria cometer uma impureza da língua... E Jesus encerrou o relato recomendando ao doutor da Lei fazer o mesmo que o samaritano!

---

59. A província da Samaria ficava entre a Judeia e a Galileia. Jesus tinha de atravessá-la ao viajar da Galileia para Jerusalém. Após a morte do rei Salomão (932 a.C.), as doze tribos de Israel se dividiram em dois reinos. O do Sul, formado pelas tribos de Judá e Benjamin, tinha Jerusalém por capital. As outras dez tribos formaram o Reino do Norte, com capital em Siquém, na Samaria. Em 721 a.C., os assírios destruíram o Reino do Norte e deportaram seus habitantes para a Assíria, situada entre os rios Tigre e Eufrates, onde hoje ficam Iraque e Síria. Da união entre os colonizadores assírios que ocuparam a Samaria e as mulheres israelitas que não haviam sido deportadas nasceu o povo samaritano. Ao retornar do exílio na Babilônia, em 537 a.C., os judeus excluíram os samaritanos do "povo eleito" por considerá-los "impuros" e proibiram que participassem da reconstrução do Templo de Jerusalém. Assim, os samaritanos passaram a cultuar Javé no Monte Garizim, como aparece no encontro de Jesus com a samaritana, descrito no capítulo 4 do *Evangelho de João*.

A parábola também nos ensina que "próximo" não é apenas quem encontramos pelos nossos caminhos, mas sobretudo aquele necessitado que sequer conhecemos e, no entanto, nos colocamos no caminho dele. Sair de nosso lugar para nos situarmos no lugar do outro.

> Enquanto caminhavam, Jesus entrou em um povoado. Ali uma mulher chamada Marta o recebeu em sua casa. Sua irmã, Maria, se sentou aos pés do Senhor para escutar a sua proposta, enquanto Marta se ocupava com muitos afazeres.
>
> Pouco depois, Marta se aproximou de Jesus e falou: "Senhor, não importa que minha irmã me deixe cuidar da casa sozinha? Manda que venha me ajudar!" O Senhor retrucou: "Marta, Marta! Você se preocupa e anda agitada com muitas coisas; porém, uma só é necessária. Maria escolheu a melhor parte, e esta não lhe será tirada".

Em suas viagens a Jerusalém, Jesus costumava se hospedar na casa de seus amigos Marta, Maria e Lázaro, em Betânia, atualmente al-Eizariya, na Cisjordânia ocupada por Israel. Fica a 3km de Jerusalém.

Na época, um mestre jamais se ocupava de instruir uma mulher. Era considerado perda de tempo. É fato inusitado Jesus acolher mulheres em seu grupo de discípulos.

Capítulo 11

Um dia, Jesus orava em certo lugar. Ao terminar, um dos discípulos pediu: "Senhor, ensina-nos a orar, como também João ensinou os discípulos dele". Jesus assentiu: "Quando orarem, digam: Pai, santificado seja o teu nome. Venha o teu Reino. Dá-nos o pão de cada dia e perdoa os nossos pecados, pois também perdoamos a todos aqueles que nos ofendem; e não nos deixes cair em tentação".

Foi o testemunho de oração de Jesus que suscitou, nos discípulos, a curiosidade quanto à espiritualidade dele. Jesus, então, ensinou como deveriam orar: tratar Deus como Pai (*Abba*) e ser fiel a Ele (santificá-lo); evocar o advento do Reino, cujo projeto se efetiva neste mundo (em contradição com o reino de César); assegurar condições dignas de vida (o pão de cada dia); ser misericordioso; e nos fortalecer na fé para não cairmos em tentações.

Jesus acrescentou: "Se alguém de vocês tivesse um amigo e fosse procurá-lo à meia-noite para pedir: 'Amigo, me empreste três pães, porque um conhecido meu chegou de viagem, e nada tenho para oferecer a ele'. Será que, lá de dentro, o outro responderia: 'Não me amole! Já tranquei a porta, meus filhos e eu estamos deitados; não posso me levantar para lhe dar pães'.

Asseguro a vocês: mesmo que o outro não queira se levantar para dar os pães, pois o hóspede é do vizinho, e não dele, vai se levantar ao menos por causa da amolação, e dar tudo aquilo que o amigo necessita. Portanto, insisto: peçam e lhes será dado! Procurem e encontrarão! Batam e abrirão a porta para vocês! Pois, todo aquele que pede, recebe; quem procura, acha; e a quem bate, a porta será aberta.

Será que alguém de vocês, que é pai, se o filho pede um peixe, em lugar do peixe dá uma cobra? Ou ainda: se pede um ovo, dará um escorpião? Se vocês, que são maus, dão coisas boas aos filhos, quanto mais o Pai do céu! Ele dará o Espírito Santo àqueles que o pedirem".

Jesus deixou claro que Deus é um Pai generoso, jamais se fecha ao que pedimos a Ele, mas é preciso persistir na oração. As imagens utilizadas são bem cotidianas e didáticas! Um apelo ao vizinho em plena madrugada; o pedido de um filho etc. Muitas vezes Deus não responde como desejamos, porque "escreve certo por linhas tortas". Mas jamais deixa de nos atender, como garantiu Jesus, exceto quando nosso pedido é absurdo, fútil ou contrário à proposta do Reino[60].

> Jesus expulsou um demônio que era mudo. Quando o demônio saiu, o mudo começou a falar, e as pessoas ficaram admiradas. Mas alguns disseram: "É por Belzebu, o príncipe dos demônios, que ele expulsa demônios". Outros, para tentar Jesus, pediam-lhe um sinal do céu. Mas, por conhecer o pensamento deles, Jesus observou: "Todo reino dividido em grupos que lutam entre si será destruído; e uma casa cairá sobre outra. Ora, se até Satanás está dividido contra si mesmo, como seu reino poderá sobreviver? Vocês dizem que é por Belzebu que expulso os demônios. Se é assim, através de quem os filhos de vocês expulsam os demônios? Por isso, eles mesmos haverão de julgá-los. Mas se é pelo dedo de Deus que expulso os demônios, então o Reino de Deus chegou para vocês".

---

60. "Quem só fala 'de' Deus, mas nunca fala 'com' Deus, está se esquecendo dos traços do semblante de Deus. Um dia Deus não será, para ele, mais do que uma ideia e, bem depressa, mais do que uma palavra. [...] Não é possível falar concretamente de Deus sem ouvi-lo e sem dirigir-lhe a palavra" (GUILLUY, P. *apud* GEORGES, A. *Leitura do Evangelho segundo Lucas. Op. cit.*, p. 72).

Baal Zebub era uma entidade dos filisteus, príncipe das moradas celestiais. Em Israel se tornou o depreciativo Beelzebul, príncipe das moscas, com o qual Jesus era acusado de estar mancomunado.

> "Quando um homem forte e bem-armado guarda a casa dele, seus bens ficam em segurança. Mas se chega um homem mais forte do que ele e o vence, arranca-lhe as armas na qual ele confiava e rouba a casa. Quem não está comigo, está contra mim. E quem não recolhe comigo, dispersa."

Jesus usou uma metáfora para comprovar que Ele vencia as forças do mal. O "homem forte e bem-armado" seria o demônio, as energias do mal, mas Jesus era o "homem mais forte do que ele", como predisse João Batista.

> Quando um espírito impuro sai de um homem, vaga em lugares desertos à procura de repouso e não encontra. Então diz: "Voltarei para a casa de onde saí". Ao retornar, encontra a casa varrida e arrumada. Então traz consigo outros sete espíritos piores do que ele. Entram, se instalam ali e, finalmente, aquele homem fica em condição pior do que antes.

Livrar-se do mal e depois voltar a ele, recair, é um perigoso agravante.

> Enquanto Jesus pregava, uma mulher levantou a voz no meio do povo e lhe disse: "Feliz o ventre que o carregou e os seios que o amamentaram". Jesus rebateu: "Mais felizes aqueles que ouvem a palavra de Deus e a põem em prática".

Lucas sempre destaca a presença de mulheres. E as descreve como protagonistas. Uma mulher anônima, do meio do público, manifestou que a mãe de Jesus devia se sentir feliz por ter um filho como Ele. Jesus aproveitou a deixa para enfatizar que a verdadeira felicidade reside em assumir os valores evangélicos.

Quando o povo se aglomerou, Jesus comentou: "Esta é uma geração má. Busca um sinal, mas nenhum sinal lhe será dado, a não ser o de Jonas. De fato, assim como Jonas foi um sinal para os ninivitas, assim também será o Filho do Homem para esta geração. No dia do julgamento, a rainha do Sul se levantará contra os homens desta geração e os condenará. Porque ela veio de uma terra distante para ouvir a sabedoria de Salomão. E aqui está quem é maior do que Salomão. No dia do julgamento, os homens da cidade de Nínive ficarão de pé contra esta geração. Porque eles fizeram penitência quando ouviram Jonas pregar. E aqui está quem é maior do que Jonas".

Qual o "sinal de Jonas"? Toda a população de Nínive, uma cidade pagã[61], acolheu a mensagem de esperança de Jonas e fez penitência. No entanto, as lideranças judaicas não acolheram "quem é maior do que Jonas".

Fariseus e escribas queriam pôr Jesus à prova. Pediam que fizesse um milagre, desse um sinal. Mas o Nazareno já tinha dado demasiados sinais para atestar que era o Messias, mais do que Jonas e a rainha de Sabá.

Na travessia do deserto, o povo de Israel perdeu a confiança em Deus (*Deuteronômio* 1,35). Javé jurou que aquela "geração má" haveria de morrer no deserto (*Números* 14,21-23). Jesus considerou que os fariseus tinham posição análoga ao povo do êxodo e, portanto, não mereciam um "sinal", pois a intenção deles não era acreditar nele, e sim assassiná-lo.

O sinal maior seria a ressurreição. E Lucas, como Mateus (12,38-45), faz um paralelo entre a "ressurreição" de Jonas, salvo do ventre de um peixe (*Jonas* 1–4) e a de Jesus.

---

61. Nínive ficava na margem oriental do rio Tigre, na antiga Assíria, hoje Iraque. Atualmente existe ali a cidade moderna de Mossul.

Ninguém acende uma lâmpada para colocá-la em lugar escondido ou debaixo de uma vasilha, e sim para colocá-la no candeeiro, a fim de que todos os que entram vejam a luz. A lâmpada do corpo é o olho. Quando o olho é sadio, o corpo inteiro também fica iluminado. Mas se ele está doente, o corpo também fica na escuridão. Portanto, veja bem se a sua luz não é escuridão. Se o seu corpo inteiro é luminoso, e não tem nenhuma parte escura, ele ficará todo luminoso, como a lâmpada que, com o seu clarão, ilumina você.

Não se pode deixar de admirar a sabedoria de Jesus, seu modo metafórico de dizer as coisas, sua pedagogia de, ao se dirigir a um povo majoritariamente analfabeto, utilizar mais imagens que conceitos.

Ter um olhar iluminado é abraçar uma ótica despida de preconceitos, sem racismo, misoginia, homofobia, aporofobia[62] etc. A espiritualidade e a ética são fontes de energia para tornar o corpo inteiro luminoso.

Enquanto Jesus falava, um fariseu o convidou para jantar em casa. Jesus entrou e se pôs à mesa. O fariseu ficou admirado ao constatar que Jesus não tinha lavado as mãos antes da refeição. O Senhor disse ao fariseu: "Vocês, fariseus, limpam o copo e o prato por fora, mas o interior de vocês está cheio de roubo e maldade. Gente sem juízo! Aquele que fez o exterior, não fez também o interior? Antes, deem em esmola o que possuem, e tudo ficará puro para vocês. Mas ai de vocês, fariseus, porque pagam o dízimo da hortelã, da arruda e de todas as outras ervas, mas deixam de lado a justiça e o amor de Deus. Vocês deveriam praticar isso, sem deixar de lado aquilo. Ai de vocês, fariseus, porque gostam do lugar de honra nas sinagogas, e de serem cumprimentados em praças públicas. Ai de vocês, porque são como túmulos que não se veem, e os homens pisam sobre eles sem saber".

---

62. Rejeição ou desprezo a quem é pobre.

Podemos imaginar o constrangimento naquela casa e quão indigesto deve ter sido o jantar! Jesus, livre de preconceitos, não recusou o convite do fariseu. Mas também não omitiu sua opinião sobre ele e todos aqueles que mais se preocupavam com a higiene das mãos antes das refeições do que com a prática da justiça e a higiene do coração. Na época, ao entrar em uma casa, a primeira medida era lavar as mãos para se purificar das possíveis impurezas contraídas pelo caminho em contato com pessoas e coisas.

Jesus acusou os fariseus de roubo, maldade, arrogância; apontou suas contradições; não teve medo de falar a verdade, apesar do risco de ser perseguido e assassinado, como afinal aconteceu.

Um doutor da Lei tomou a palavra: "Mestre, ao falar assim também nos insulta!" Jesus enfatizou: "Ai de vocês também, doutores da Lei! Porque impõem sobre os homens cargas insuportáveis, e vocês mesmos não tocam essas cargas com um só dedo. Ai de vocês, porque constroem túmulos para os profetas; no entanto, foram os pais de vocês que os mataram. Com isso, vocês são testemunhas e aprovam as obras dos pais de vocês, pois eles assassinaram os profetas, e vocês constroem os túmulos. Por isso disse a sabedoria de Deus: 'Eu lhes enviarei profetas e apóstolos. Eles os matarão e perseguirão, a fim de que se peçam contas a esta geração do sangue de todos os profetas, derramado desde a Criação do mundo, e desde o sangue de Abel[63] até o sangue de Zacarias, morto entre o altar e o santuário'[64]. Sim, afirmo a vocês: pedirão contas disso a esta geração. Ai de vocês, doutores da Lei, porque se apoderaram da chave do conhecimento e vocês mesmos não entram, e ainda impedem os que querem entrar".

---

63. Assassinado por seu irmão, Caim (*Gênesis* 4,8-16).
64. *2Crônicas* 24,17-22.

Aqui Lucas faz um vigoroso libelo contra a religião legalista e opressiva. Um doutor da Lei se queixou de que Jesus era muito crítico à religião do Templo de Jerusalém. Jesus, que não hesitava em dizer a verdade, o que pensava, fez críticas ainda mais contundentes. Denunciou a carga de obrigações e preceitos imposta aos fiéis, enquanto escribas e fariseus não praticavam o que exigiam dos demais. E lembrou que profetas foram assassinados e, no entanto, os descendentes dos assassinos construíam túmulos para reverenciar as vítimas. Por fim, criticou o academicismo dos doutores da Lei, que pregavam o que não viviam e ainda dificultavam a prática religiosa de quem pretendia segui-los.

> Em seguida, os doutores da Lei e os fariseus começaram a tratá-lo mal e a provocá-lo sobre muitos pontos. Armavam ciladas para pegá-lo de surpresa em qualquer coisa que saísse de sua boca.

Jesus, sinal de contradição, tornou-se um incômodo para as autoridades políticas e religiosas. Por isso, virou alvo de provocações e ataques. É o que acontece com todos que ousam denunciar que o rei está nu...

Capítulo 12

Inúmeras pessoas reunidas se espremiam para ouvir Jesus. Ele falou primeiro aos discípulos: "Tomem cuidado com o fermento dos fariseus, a hipocrisia. Não há nada de escondido que não venha a ser revelado, e nada de oculto que não venha a ser conhecido. Ao contrário, tudo o que tiverem feito nas trevas, será conhecido à luz do dia; e o que tiverem pronunciado em segredo, nos quartos, será proclamado sobre os telhados"[65].

Jesus pôs às claras a hipocrisia dos fariseus. E ainda denunciou que suas conspirações e falcatruas haveriam de ser conhecidas por todos

Afirmo a vocês, meus amigos: não tenham medo daqueles que matam o corpo e, depois disso, nada mais podem fazer. Temam aqueles que, depois de matar, têm o poder de jogá-los no inferno. É a estes que devem temer.

Realista, Jesus pressentia que seria assassinado como seu primo João Batista. E Lucas, em uma conjuntura de perseguições aos primeiros cristãos, sabia que o martírio ameaçava as comunidades. No entanto, não era a morte que os adeptos da causa do Reino deviam temer, e sim a incoerência, a falta de ética, a covardia.

Não se vendem cinco pardais por alguns trocados? No entanto, nenhum deles é esquecido por Deus.

---

65. "Vê-se, por este pormenor, que Lucas não era judeu, porque as casas da Palestina não tinham telhado!" (GEORGES, A. *Leitura do Evangelho segundo Lucas. Op. cit.*, p. 75).

Até mesmo os cabelos da cabeça de vocês estão todos contados. Não tenham medo! Vocês valem mais do que muitos pardais. Asseguro-lhes: todo aquele que der testemunho de mim diante dos homens, o Filho do Homem também dará testemunho dele diante dos anjos de Deus. Mas aquele que me renegar diante dos homens, será renegado diante dos anjos de Deus. Todo aquele que disser alguma coisa contra o Filho do Homem, será perdoado. Mas quem blasfemar contra o Espírito Santo, não será perdoado. Quando conduzirem vocês às sinagogas, aos magistrados e às autoridades, não fiquem preocupados como ou com que se defenderão, ou o que dirão. Nessa hora o Espírito Santo haverá de inspirar o que devem dizer.

Eis o contexto no qual viviam os primeiros cristãos: perseguidos como subversivos pelos romanos e como hereges pelos judeus fundamentalistas. Lucas exorta-os a se manterem firmes na fé e não renegarem suas convicções. No entanto, muitos vacilavam sob torturas e proferiam apostasias. Isso Deus haveria de perdoar, mas não a blasfêmia contra o Espírito Santo, que é atribuir ao demônio o que é obra de Deus.

Do meio do povo, alguém disse a Jesus: "Mestre, diga a meu irmão para repartir a herança comigo". Jesus respondeu: "Homem, quem me incumbiu de julgar ou dividir os bens entre vocês?"
Em seguida, Jesus falou a todos: "Atenção! Tenham cuidado com qualquer tipo de ganância. Porque, mesmo que alguém tenha muitas coisas, a sua vida não depende de seus bens".
E contou esta parábola: "A terra de um homem rico produziu uma grande colheita. O homem pensou: 'O que farei? Não tenho onde guardar tamanha safra'. Então decidiu: 'Já sei o que farei! Derrubarei meus celeiros e construirei outros maiores; e neles guardarei todo o meu trigo junto com os meus bens.

> Então poderei dizer a mim mesmo: meu caro, você possui um bom estoque, uma reserva para muitos anos; descanse, coma e beba, alegre-se!'
> Mas Deus disse a ele: 'Louco! Nesta mesma noite você terá que devolver a sua vida. E as coisas que você construiu, para quem ficarão?' Assim acontece com quem junta tesouros para si mesmo, mas não é rico para Deus".

Lucas critica o apego dos cristãos ricos a seus bens. Por mais fortuna que uma pessoa possua, ela não pode evitar a morte. E desta vida só se leva o que está impresso em nosso coração.

Jesus deixou claro que não se pode servir a Deus e às riquezas. Quem serve a Deus, o faz ao se comprometer com a vida dos outros, a preservação ambiental, o combate das injustiças. E quem só pensa em acumular bens se fecha às necessidades alheias e considera a desigualdade social tão natural quanto o dia e a noite.

Será que o Evangelho condena os ricos? De certo modo, sim. Quando se considera a riqueza objetivo primordial na vida, três perigos podem ocorrer: 1) Enxergar além do tempo presente e abraçar a esperança de um futuro em que não haverá desigualdades sociais[66]; 2) Fechar-se em si mesmo e não priorizar aqueles que não têm o necessário para viver; 3) Ocupar o lugar de Deus. A riqueza torna-se uma espécie de ídolo ao qual se deve reverenciar a cada dia.

> Então Jesus falou aos seus discípulos: "Não fiquem preocupados com a vida, com o que comer; nem com o corpo, com o que vestir. A vida vale mais que a comida e o corpo, mais que a roupa. Observem os corvos: não semeiam, nem colhem, não possuem celeiros ou armazéns. E, no entanto, Deus os alimenta. Vocês valem muito mais que as aves.

---

66. Vide a resiliência das empresas frente ao aquecimento global. E como fazem publicidade para serem consideradas grandes defensoras do meio ambiente! A mineradora Vale, com as tragédias de Mariana (2015) e Brumadinho (2019), em Minas Gerais, é um triste exemplo.

Quem de vocês pode acrescentar um centímetro à sua própria estatura? Portanto, se vocês não podem nem sequer mudar coisas mínimas, por que se inquietar com o resto? Observem como os lírios crescem: não fiam, nem tecem. Porém, afirmo que nem mesmo o rei Salomão, com toda a sua glória, jamais se vestiu como um deles. Se Deus veste assim a erva do campo, que hoje existe e amanhã é queimada no forno, quanto mais fará por vocês, gente de fé frágil!"[67] Quanto a vocês, não fiquem procurando o que vão comer ou beber. Não fiquem inquietos. Porque são os pagãos que procuram tudo isso. O Pai bem sabe que vocês têm necessidade dessas coisas. Portanto, busquem o Reino dele, e Deus dará a vocês essas coisas em acréscimo".

O corvo era considerado um animal impuro (*Levítico* 11,15). Ora, se Deus cuida dele, o que não faz pelos humanos? Jesus quis frisar a importância do desapego. Muitas vezes perdemos tempo e recursos com preocupações supérfluas, modismos ou insegurança. A única preocupação que devemos ter é com a causa do Reino, e o demais nos virá por acréscimo.

Jesus não condenou a preocupação com a sobrevivência de si e da família. Censurou, sim, a ansiedade de quem deixa de se comprometer com a causa do Reino para acumular bens e recursos que lhe deem suposta segurança.

Conheci Henry, um religioso francês da congregação dos discípulos de Charles de Foucauld. Ele consagrou sua vida a ser, como dizia em tom de troça, um "vagabundo". Viajava mundo afora apenas com uma mochila nas costas. Dormia ao relento, ao lado de pessoas em situação de rua, às quais anunciava o Evangelho. Para

---

67. "Aprender das flores e dos passarinhos não é muito comum na nossa cultura. Nosso saber é por demais racional. No entanto, Jesus nos apresenta aqui um caminho para adquirir sabedoria: observar a natureza. Contemplar e admirar o meio ambiente que nos envolve é fonte de saúde e de alegria" (MESTERS, C.; LOPES, M. *O avesso é o lado certo. Op. cit.*, p. 93).

atravessar o oceano, empregava-se como faxineiro em navios da marinha mercante. Para viajar pelo Brasil, pegava carona em caminhões. E me disse que nunca havia passado fome, sempre encontrava alguém disposto a partilhar o alimento com ele. Ou se oferecia para lavar o chão de um bar em troca de um prato feito.

Comprometido com a causa do Reino durante a ditadura militar — a luta pela redemocratização do Brasil — vivi na clandestinidade à mercê de quem me oferecesse pouso e alimentação. Apesar dos riscos, nunca me faltou teto e refeição. O que me fazia recordar essas palavras de Jesus.

A solidariedade é uma das principais virtudes dos militantes do Reino.

> Não tenha medo, pequeno rebanho, porque o Pai de vocês tem prazer em dar-lhes o Reino. Vendam seus bens e repartam o dinheiro com os pobres. Façam bolsas que não envelhecem e juntem um tesouro que não perde valor no céu: lá o ladrão não chega, nem a traça rói. De fato, onde está o seu tesouro, aí estará também seu coração.

Lucas traz as palavras de Jesus para animar as primeiras comunidades cristãs e livrá-las do medo e da insegurança diante de uma conjuntura tão adversa. Exorta os mais ricos a socializarem seus bens com os pobres, a investirem em riquezas éticas e espirituais. E registra esta afirmação tão plena de sabedoria: nosso coração não está centrado, necessariamente, nos valores que trazemos na consciência. É o contrário: nosso coração se centra no que realmente consideramos importante e prioritário. Nossa vontade fala mais alto do que nossa inteligência. Como escreveu o apóstolo Paulo na Carta aos Romanos (7,19-24): "Não faço o bem que eu quero, mas justamente o mal que não quero é o que faço. Mas, se faço o que não quero, já não sou eu quem faz, mas o pecado que vive em mim. Assim, o que acontece comigo é isto: quando quero fazer o que é bom, só consigo fazer o que é mau".

Estejam com os rins cingidos e as lâmpadas acesas[68]. Sejam como homens que esperam o seu senhor voltar da festa de casamento: tão logo ele chega e bate, imediatamente vão abrir-lhe a porta. Felizes dos servos que o senhor encontra acordados ao retornar. Garanto a vocês: ele mesmo se cingirá, os fará sentar à mesa e os servirá. E caso ele chegue à meia-noite ou às três da madrugada, felizes serão se assim os encontra! Fiquem certos: se o dono da casa soubesse a hora em que o ladrão chegaria, não deixaria que lhe arrombasse a casa. Vocês também estejam preparados! Porque o Filho do Homem chegará quando menos esperarem.

Então Pedro disse a Jesus: "Senhor, conta esta parábola só para nós, ou para todos?" O Senhor respondeu: "Quem é o administrador fiel e prudente que o senhor coloca à frente do pessoal de sua casa para dar a comida a todos na hora certa? Feliz o servo que o senhor, ao chegar, encontra fazendo isso! Em verdade, afirmo a vocês: o senhor lhe confiará a administração de todos os seus bens. Mas se esse servo pensar: 'Meu patrão está demorando', e se puser a surrar os criados e criadas, a comer, beber e embriagar-se, o senhor retornará em um dia inesperado e em uma hora imprevista. O senhor o expulsará de casa e dará a ele o mesmo destino dos infiéis. Todavia, aquele servo que, mesmo conhecendo a vontade do seu senhor, não se preparou, nem agiu conforme a vontade dele, será chicoteado muitas vezes. Mas o servo que não sabia e fez coisas que merecem castigo, será chicoteado poucas vezes. A quem muito foi dado, muito será pedido; a quem muito foi confiado, muito mais será exigido".

---

68. "Rins cingidos" é uma expressão bíblica para significar que a pessoa está pronta, preparada. Na época de Jesus, os homens vestiam uma túnica apertada, na cintura, por uma corda ou cinto de couro. E puxavam a túnica para cima, o que facilitava o movimento das pernas e dos pés. O servo que cuidava de alimentação prendia uma toalha ao cinto, como é costume entre garçons franceses.

Jesus preveniu os discípulos de estarem preparados, pois ninguém sabe a hora de sua morte. Pedro que, às vezes, é descrito pelos evangelistas como uma pessoa obtusa, quis saber se a recomendação era para todos ou apenas para os discípulos. Os castigos corporais eram comuns na época de Jesus. Com chicotes, feitos de tiras de couro entremeadas de nós, puniam-se os culpados.

> Vim para lançar fogo sobre a terra: e como gostaria que já estivesse aceso! Devo ser batizado com um batismo, e como estou ansioso até que isso se cumpra! Pensam que vim trazer a paz sobre a terra? Pelo contrário, digo a vocês, vim trazer divisão. De agora em diante, numa família de cinco pessoas, três ficarão divididas contra duas, e duas contra três. Ficarão divididos: o pai contra o filho, e o filho contra o pai; a mãe contra a filha, e a filha contra a mãe; a sogra contra a nora, e a nora contra a sogra.

Lucas tem em vista a conjuntura conflitiva das primeiras comunidades cristãs: a polarização entre adeptos do Império Romano, que perseguiam cristãos e judeus, de um lado; e, de outro, judeus fundamentalistas que não aceitavam a dissidência provocada no judaísmo pelos seguidores de Jesus, pois dividiam famílias, criavam oposições entre parentes, cortavam laços de sangue.

"Devo ser batizado com um batismo" é uma premonição de sua condenação à pena de morte na cruz. O primeiro batismo foi por água; o segundo, por sangue.

> Jesus também dizia ao povo: "Quando vocês veem uma nuvem vinda do Ocidente, logo dizem que a chuva se aproxima; e assim acontece. Quando sentem soprar o vento Sul, dizem que fará calor; e assim acontece. Hipócritas! Sabem interpretar o aspecto da terra e do céu, e por que não sabem interpretar o tempo presente? Por que não julgam por si mesmos o que é justo?

> Quando, portanto, você está para se apresentar com seu adversário diante do magistrado, procure resolver o caso com o adversário enquanto estão a caminho, senão este o levará ao juiz, e o juiz entregará você ao guarda, e o guarda o jogará na cadeia. Posso afirmar: daí você não sairá enquanto não pagar o último centavo".

Jesus nos exortou a saber interpretar os sinais dos tempos, a avaliar a conjuntura, ler o texto dentro do contexto. E Lucas, diante de tantos conflitos nas comunidades, lembra que, quando um adversário nos faz uma acusação que pode terminar na Justiça, Jesus propunha buscar a negociação antes de deixar avançar o processo. E Lucas insiste nesse ponto para evitar que os conflitos entre cristãos fossem parar nos tribunais, em geral dominados por autoridades romanas ou judeus fundamentalistas, o que resultava em penas severas. A alusão a que dali "não sairá até pagar o último centavo" dá a entender que se praticava o suborno para tirar pessoas da cadeia[69].

---

69. Cf. OVERMAN, J.A. *O Evangelho de Mateus e o judaísmo formativo. Op. cit.*, p. 97.

Capítulo 13

Algumas pessoas levaram a Jesus notícias sobre os galileus que Pilatos havia assassinado enquanto ofereciam sacrifícios. Jesus comentou: "Pensam que esses galileus, por terem sofrido tal destino, eram mais pecadores do que todos os outros galileus? De modo algum, afirmo. E se vocês não se converterem, morrerão todos do mesmo modo. E aqueles dezoito que morreram quando a torre de Siloé caiu em cima deles? Pensam que eram mais culpados do que todos os outros moradores de Jerusalém? De modo algum, garanto. E se vocês não se converterem, morrerão todos do mesmo modo".

Pilatos, interventor romano na Palestina, mandou assassinar um grupo de galileus que, em Jerusalém, prestava culto no Templo. Possivelmente por suspeita de sedição.

Ainda no tempo de Jesus, a Torre de Siloé, situada ao sul de Jerusalém, desabou devido a forte abalo sísmico. Aos pés dela havia um reservatório de água. Dezoito pessoas morreram esmagadas pelas pedras da torre.

Ao citar os dois incidentes, Jesus quis frisar que é imprevisível o dia, a hora e o modo de nossa transvivenciação – como prefiro denominar a morte.

Então Jesus contou esta parábola: "Certo homem tinha uma figueira plantada no meio da vinha. Foi procurar figos, e não encontrou. Então disse ao agricultor: 'Olhe! Hoje faz três anos que venho buscar figos nesta figueira, e não encontro nada! Corte-a. Ela só esgota a terra'. Mas o agricultor respondeu: 'Senhor, deixa a figueira ainda este ano. Vou cavar em volta e pôr adubo. Quem sabe, no futuro dará fruto! Se não der, então a cortará'".

A figueira é um dos símbolos vegetais de Israel, ao lado da oliveira e da vinha ou parreira. A esterilidade da figueira é uma crítica à religião legalista do Templo. Jesus fez um contraponto entre seu desalento frente ao legalismo esclerosado da religião que se praticava no Templo de Jerusalém e, ao mesmo tempo, um fio de esperança de que a figueira viesse a produzir frutos...

> Jesus pregava em uma sinagoga no sábado. Estava presente uma mulher que, fazia dezoito anos, possuía um espírito que a tornava doente. Era encurvada e incapaz de se endireitar. Ao vê-la, Jesus se dirigiu a ela e disse: "Mulher, você está livre da sua doença". Jesus colocou as mãos sobre ela e, imediatamente, a mulher se ergueu e começou a louvar a Deus.
> O chefe da sinagoga ficou furioso, porque Jesus tinha feito cura no sábado. Tomou a palavra e disse aos fiéis: "Há seis dias para trabalhar. Venham, então, nesses dias e sejam curados, e não no sábado". O Senhor retrucou: "Hipócritas! Cada um de vocês não solta do curral o boi ou o jumento para dar-lhe de beber, mesmo que seja sábado? Aqui está uma filha de Abraão que Satanás amarrou durante dezoito anos. Será que não deveria ser libertada dessa prisão no sábado?"
> Essa resposta deixou confusos todos os inimigos de Jesus. E muitas pessoas se alegravam com as maravilhas que Jesus fazia.

Jesus libertou a religião do legalismo. E enfatizou, por sua prática, que a defesa da vida está acima de todas as leis. Como nas primeiras comunidades cristãs havia muitos judeus convertidos ao Movimento de Jesus, o modo de se comportar no sábado era motivo de discussão.

Quem foi educado em hábitos muito arraigados tem dificuldade de abandoná-los. Na minha infância, era preciso estar em jejum para poder receber a eucaristia. Quando a Igreja cancelou essa exigência, durante o Concílio Vaticano II (1962-1965), vi muitos idosos com escrúpulos de tomar café para, em seguida, comungar.

A "mulher encurvada, incapaz de se endireitar", era uma presença emblemática naquela cultura patriarcal que "encurvava" as mulheres, forçava-as à submissão, impedia-as de acesso aos direitos usufruídos pelos homens. Jesus a fez erguer-se! O verdadeiro culto que agrada a Deus é libertar as pessoas e permitir que se ergam.

Jesus indagou: "O que é semelhante ao Reino de Deus? Como compará-lo? É como a semente de mostarda que um homem joga no seu jardim. A semente cresce, torna-se árvore, e as aves do céu fazem ninhos em seus galhos".

Jesus sempre enfatizou que a implantação do Reino é um processo, demanda tempo. Às vezes se inicia por algo aparentemente insignificante: uma cooperativa, um sindicato, uma associação ou ONG, uma Comunidade Eclesial de Base e, aos poucos, o movimento cresce e é capaz de mudar a realidade de uma cidade ou um país. Esses movimentos são o "grão de mostarda" que, mais tarde, se transforma em árvore frondosa. E assim como o camponês semeia e aguarda o tempo necessário para colher os frutos, muitas vezes sem saber explicar o processo de germinação[70], do mesmo modo é preciso ter paciência histórica para se obter os resultados de uma ação política.

Na etapa inicial de minha militância, achei que meu tempo pessoal coincidiria com meu tempo histórico. Haveria de ver o Brasil livre de opressões. Depois, na prisão[71], me dei conta de que não haverei de participar da colheita, mas faço questão de morrer semente...

Jesus poderia ter utilizado a imagem de uma árvore mais frondosa do que a mostardeira, como a palmeira, a figueira ou o

---

70. No tempo de Jesus, o agricultor não tinha conhecimento do processo orgânico ou biológico da germinação da planta. Considerava-a um "milagre", dádiva de Deus.

71. Cf. de minha autoria *Cartas da prisão*. *Op. cit.*; *Batismo de sangue*. Rio de Janeiro: Rocco, 2016 e *Diário de Fernando*. *Op. cit.*

grandioso cedro do Líbano. Preferiu, porém, o grão de mostarda, do tamanho de uma cabeça de alfinete, embora gere um arbusto de três ou quatro metros. Pássaros fazem ninhos em seus galhos e, em abril, os pintassilgos se juntavam ali para comer seus grãos.

Jesus ainda comentou: "Com o que eu poderia comparar o Reino de Deus? Ele é como o fermento que uma mulher mistura com três porções de farinha, até que tudo fique fermentado".

"Três porções de farinha" correspondem a 42 quilos[72]. Muita farinha para pouco fermento. Jesus quis ressaltar que a atuação dos militantes do Reino, ainda que numericamente insignificantes, é capaz de produzir grandes resultados.

Vale notar a questão de gênero: primeiro Lucas nos relata o trabalho de um homem, semear. Em seguida, o de uma mulher, fermentar a massa.

Jesus sempre comparava a presença dos discípulos ao fermento na massa. É possível que soubesse cozinhar ou, ao menos, teria ajudado quem o fizesse, como Maria. A proposta do Reino equivale a uma iniciativa que, dentro da velha ordem social, é capaz de, aos poucos, torná-la nova.

Essa parábola do fermento possui apenas um versículo. E em nenhum momento aparece a palavra pão. Jesus quis ressaltar como se dá o processo de feitura do pão, ou seja, valorizar o trabalho da mulher-padeira e associar o crescimento do fermento na massa ao do Reino implantado na sociedade por meio de iniciativas inovadoras de partilha como, hoje em dia, a economia solidária.

Jesus atravessava cidades e povoados, onde pregava, e prosseguia seu caminho para Jerusalém.

---

72. MATEOS, J.; CAMACHO, F., *O Evangelho de Mateus* – Leitura comentada. São Paulo: Paulinas, 1993, p. 156.

Marcos dedica um único capítulo (10) à viagem de Jesus para Jerusalém. Mateus, dois (19 e 20). Lucas, porém, dedica dez (9 ao 19).

Alguém lhe perguntou: "Senhor, é verdade que são poucos os que se salvam?" Jesus respondeu: "Façam todo o esforço possível para entrar pela porta estreita, porque muitos tentarão entrar e não conseguirão. Uma vez que o dono da casa se levantar e fechar a porta, vocês ficarão do lado de fora. E começarão a bater na porta e insistir: 'Senhor, abre a porta para nós!' E Ele responderá: 'Não sei de onde são vocês'. E vocês dirão: 'Nós comíamos e bebíamos diante do Senhor, que ensinava em nossas praças!' Mas Ele responderá: 'Não sei de onde são vocês. Afastem-se de mim todos vocês que praticam injustiça!' Então haverá choro e ranger de dentes ao virem Abraão, Isaac e Jacó junto com todos os profetas no Reino de Deus, e vocês jogados fora. Muita gente virá do Oriente e do Ocidente, do Norte e do Sul, e tomará lugar à mesa no Reino de Deus. Vejam: há últimos que serão os primeiros, e primeiros que serão os últimos".

"A porta estreita" são as exigências da militância em prol do Reino. Abraçar esta causa de um novo projeto civilizatório é estar consciente das dificuldades – perseguições, calúnias, renúncias – e jamais praticar injustiças.

Jesus arrematou a parábola com uma sentença bem ao gosto da sabedoria oriental: "Há últimos que serão os primeiros, e primeiros que serão os últimos". Muitos que posam de líderes religiosos haverão de encontrar a porta fechada, e muitos que, hoje, se sentem condenados pelo legalismo religioso serão os primeiros a ter lugar no Reino.

Lucas evoca Jesus para acentuar a universalidade da salvação: "Muita gente virá do Oriente e do Ocidente, do Norte e do Sul, e tomará lugar à mesa no Reino de Deus".

Então, alguns fariseus se aproximaram e disseram a Jesus: "Vai embora daqui, porque Herodes quer matá-lo". Jesus retrucou: "Vão dizer a essa raposa: eu expulso demônios e faço curas hoje e amanhã; e no terceiro dia terminarei o meu trabalho. Entretanto, preciso caminhar hoje, amanhã e depois de amanhã, porque não convém que um profeta morra fora de Jerusalém".

Os fariseus mantinham distância crítica frente aos herodianos, partidários de Herodes Antipas. Os primeiros se opunham à dominação romana da Palestina e os segundos a apoiavam. Por isso, embora críticos a Jesus, os fariseus foram avisá-lo de que o governador da Galileia tramava contra Ele.

Jesus não se deixou intimidar. Reagiu tão bravo e indignado que se referiu ao governador como "raposa". Sequer lhe pronunciou o nome. E sugeriu que comunicassem a Herodes Antipas os sinais libertadores de sua militância.

Os fariseus sabiam que para "um cabra marcado pra morrer" entrar em Jerusalém seria cair na boca do leão e, por isso, advertiram Jesus. Este decidiu prosseguir viagem rumo à cidade sagrada.

Jerusalém, Jerusalém, você que mata os profetas e apedreja os que lhe foram enviados! Quantas vezes eu quis reunir seus filhos, como a galinha reúne os pintinhos debaixo das asas, mas você não quis! Eis que a casa de vocês ficará abandonada. Eu lhes digo: não me verão mais até que chegue o tempo em que vocês mesmos dirão: Bendito aquele que vem em nome do Senhor.

Jesus lamentou que a cidade santa tivesse se tornado um antro de atrocidades. E o fez com uma imagem afetuosa, a da galinha com seus pintinhos. Imagem frequente no Primeiro Testamento (*Deuteronômio* 32,10s.; *Isaías* 31,5; *Salmos* 36,8).

Capítulo 14

Em um sábado, Jesus foi comer em casa de um dos chefes dos fariseus, que o observavam. Havia um homem hidrópico diante de Jesus[73]. Este pediu a palavra e falou aos doutores da Lei e aos fariseus: "A Lei permite ou não curar no sábado?" Eles ficaram em silêncio. Então Jesus tomou o homem pela mão, o curou e o despediu. Depois disse a eles: "Se alguém de vocês tem um filho ou um boi que caiu em um poço, não o tiraria logo, mesmo no sábado?" E eles não foram capazes de responder.

Mais uma vez Jesus violou a Lei mosaica para salvar uma vida, e questionou o critério de valores dos fariseus. Ainda assim não deixou de atender ao convite do líder farisaico.

Jesus notou como os convidados escolhiam os primeiros lugares. Então contou esta parábola: "Se alguém convidá-lo para uma festa de casamento, não ocupe o primeiro lugar. Pode ser que tenha sido convidado alguém mais importante do que você e o dono da casa, que convidou os dois, venha dizer-lhe: 'Dê o lugar para ele'. Então você ficará envergonhado e irá ocupar o último lugar. Ao contrário, quando convidado, tome assento no último lugar. Assim, ao chegar quem o convidou, dirá a você: 'Amigo, venha mais para frente'. E isso será uma honra para você na presença de todos os convidados. De fato, quem se eleva será humilhado, e quem se humilha será elevado".

---

73. Hidropisia ou edema é a acumulação anormal de fluido nas cavidades naturais do corpo ou no tecido celular. É causada por distúrbios na circulação do sangue. A doença pode ter uma distribuição generalizada, ocorrendo em quase todas as partes do corpo, ou pode ser local, isto é, apresentar-se em uma parte apenas do corpo. A hidropisia é mais comum no abdome, no peito, no encéfalo, nos rins, nas pernas e em torno dos olhos.

O conteúdo ético da parábola é óbvio e frisado no Cântico de Maria (*Magnificat*): os poderosos serão derrubados de seus tronos; e os humilhados, exaltados! Mas como é difícil, nesta sociedade capitalista movida a competição, alguém buscar os últimos lugares! Sobretudo se colocar a serviço dos que ocupam os últimos lugares na escala social.

> Jesus disse também ao fariseu que o tinha convidado: "Quando der um almoço ou jantar, não convide amigos, nem irmãos, parentes ou vizinhos ricos. Porque esses, em troca, irão convidá-lo. E isso será para você uma compensação. Ao contrário, quando der uma festa, convide pobres e pessoas portadoras de deficiências, como mancos e cegos. Então você será feliz! Porque não lhe podem retribuir. E você receberá a recompensa na ressurreição dos justos".

Gostamos que nos manifestem gratidão! É agradável jantar com amigos ou "vizinhos ricos"! Pratos requintados, vinhos caros, papo ameno! Difícil é destinar o nosso melhor aos excluídos! Até porque não podem nos retribuir. Por mais que a civilização ocidental se autoproclame "cristã", está longe dos valores evangélicos. E muito próxima do figurino hipócrita dos fariseus!

> Ao ouvir isso, um homem que estava à mesa disse a Jesus: "Feliz aquele que come pão no Reino de Deus!" Jesus contou: "Um homem deu um grande banquete e convidou muitas pessoas. Na hora de servir, mandou seu servo dizer aos convidados: 'Venham, está tudo pronto'. Mas todos, um a um, começaram a dar desculpas. O primeiro disse: 'Comprei um campo e preciso ir vê-lo. Peço-lhe que aceite minhas desculpas'. Outro se justificou: 'Comprei cinco juntas de bois e vou experimentá-las. Peço-lhe que aceite minhas desculpas'. Um terceiro alegou: 'Acabo de me casar e, por isso, não posso ir'.
> O servo voltou e contou tudo ao patrão. Então o dono da casa, muito aborrecido, disse ao servo: 'Saia depressa pelas praças e ruas da cidade. Traga para

cá os pobres e os portadores de deficiências, como cegos e mancos'.
O servo disse: 'Senhor, o que mandou fazer foi feito, e ainda há lugar'. O patrão determinou: 'Saia pelas estradas e caminhos e faça as pessoas virem aqui para que a casa fique cheia. Pois afirmo a vocês: nenhum daqueles que foram convidados haverá de provar do meu banquete'".

O banquete é o projeto do Reino, uma nova sociedade de partilha, onde é "feliz aquele que come pão no Reino de Deus!", ou seja, que usufrui dos bens necessários a uma vida digna, simbolizados nos evangelhos pelo pão.

Aqui uma crítica de Lucas aos judeus que recusaram a proposta de Jesus. Então, a proposta passou a ser direcionada aos excluídos.

Depois da destruição de Jerusalém pelos romanos, no ano 70, os fariseus encaravam os judeus que se convertiam à causa de Jesus como uma ameaça, pois esses cristãos novos derrubaram os muros que separavam Israel de outros povos. Os fariseus passaram a impedir os cristãos de usarem as sinagogas. Isso provocou muito sofrimento nos que aderiram à proposta do Reino. Lucas deixa claro que esses judeus convertidos não traíram Javé nem eram infiéis a seu povo. Ao contrário, eles são os convidados que não recusaram o convite ao banquete – cuja fartura simbolizava o Reino de Deus.

> Muitas pessoas acompanhavam Jesus. A um momento, Ele disse: "Se alguém vem a mim, e não dá mais preferência a mim do que ao seu pai, mãe, mulher, filhos, irmãos, irmãs, e até mesmo à própria vida, esse não pode ser meu discípulo. Quem não carrega sua cruz e não me segue não pode ser meu discípulo. De fato, se alguém quer construir uma torre, será que, primeiro, não calcula os gastos para ver se possui o suficiente para terminar? Caso contrário, lançará o alicerce e não será capaz de

acabar. E todos os que virem isso haverão de caçoar e dizer: 'Esse homem começou a construir e não foi capaz de acabar!' Ou ainda: Se um rei pretende sair para guerrear será que, primeiro, não examina bem se com 10 mil homens poderá enfrentar o inimigo, que marcha contra ele com 20 mil? Se conclui que não pode, enquanto o outro rei ainda está longe envia mensageiros para negociar as condições de paz. Do mesmo modo, qualquer um de vocês, se não renunciar a tudo o que tem, não pode ser meu discípulo".

Lucas elenca, com miniparábolas, as condições para se tornar militante da causa do Reino: 1) Desapegar-se dos vínculos familiares; 2) Estar disposto a dar a própria vida; 3) Ter princípios sólidos; 4) Dimensionar bem as tarefas da militância; 5) Renunciar a tudo que possui para assumir integralmente a proposta de Jesus.

Na luta contra a ditadura conheci militantes que encarnavam todos esses critérios. E não o faziam em nome de Deus, e sim em nome da libertação dos pobres. Alguns, como Frei Tito de Alencar Lima, resistiram às mais cruéis torturas por fidelidade à causa do Reino[74].

O sal é bom. Mas se até o sal perde o sabor, com que salgaremos? Não serve mais para nada: nem para a terra, nem para esterco. Por isso, é jogado fora. Quem tem ouvidos para ouvir, ouça.

O sal imprime sabor aos alimentos, além de ajudar a conservá-los. A comparação com os cristãos é muito adequada, pois não se pode distinguir, apenas pela visão, um prato de arroz e feijão com sal de outro sem sal. Só mesmo ao provar. Do mesmo modo, os cristãos, como sal no alimento, não devem se distinguir pela aparência, e sim pela capacidade de imprimir na sociedade um novo "sabor".

---

74. Cf. meu *Batismo de sangue*. Op. cit. e MEIRELES, C.; DUARTE-PLON, L. *Um homem torturado*: Nos passos de Frei Tito de Alencar. Rio de Janeiro: Civilização Brasileira, 2014.

Capítulo 15

Muitos cobradores de impostos e pecadores se aproximavam de Jesus para escutá-lo. Mas fariseus e doutores da Lei o criticavam: "Esse homem acolhe pecadores e come com eles!"

Os inimigos dos militantes do Reino são movidos, em geral, pelo preconceito. Agem apegados ao moralismo, porque sabem que o povo dá importância aos valores morais. Por isso, fariseus e seus teólogos não deixavam escapar as oportunidades de tentar desacreditar Jesus, como ao vê-lo em companhia de fiscais de renda e pessoas publicamente conhecidas como pecadoras. Jesus, porém, não se pautava pelo diz que diz da maledicência alheia.

Então Jesus contou-lhes esta parábola: "Se um de vocês tem cem ovelhas e perde uma, será que não deixa as noventa e nove no campo para ir atrás daquela que se perdeu, até encontrá-la? E quando a encontra, com muita alegria a coloca nos ombros. E ao chegar em casa, reúne amigos e vizinhos, e comemora: 'Alegrem-se comigo! Encontrei a minha ovelha que estava perdida'. Garanto a vocês: do mesmo modo, haverá no céu mais alegria por um só pecador que se converte do que por noventa e nove justos que não precisam de conversão".

É isso que o papa Francisco chama de "Igreja em saída". Aquela que não fica fechada na sacristia ou nos claustros e se insere na sociedade, como fermento na massa. Mas, atualmente, há padres e religiosos que fazem questão de ser fermento fora da massa: andam de roupas eclesiásticas fora das celebrações litúrgicas; ostentam status de quem integra a hierarquia da Igreja; são incapazes de sujar os sapatos nas vielas de terra das favelas ou nas estradas empoeiradas da zona rural. E adoram estar à mesa de fiéis endinheirados que oferecem saborosos banquetes...

Ora, se devemos fazer o mesmo que Jesus, então só é verdadeiro discípulo quem sai de sua zona de conforto para encontrar aqueles que precisam ouvir a proposta do Reino e têm condições de abraçá-la, o que não costuma ser o caso de burgueses que vivem bem à custa de explorar seus trabalhadores.

> Se uma mulher tem dez moedas de prata e perde uma, será que não acende uma lâmpada, varre a casa e procura cuidadosamente, até encontrá-la? E quando a encontra, reúne amigas e vizinhas, e comemora: "Alegrem-se comigo! Encontrei a moeda que tinha perdido". Garanto a vocês: os anjos de Deus sentem a mesma alegria por um só pecador que se converte.

Aqui a mesma proposta da "Igreja em saída". Como sábio oriental e pedagogo popular, Jesus sabia dizer as coisas mais profundas de maneira didática e elucidativa.

> Jesus ainda contou: "Um homem tinha dois filhos. O mais novo disse ao pai: 'Pai, me dá a parte da herança que me cabe'. E o pai dividiu os bens entre eles. Poucos dias depois, o filho mais novo juntou o que era seu e partiu para um lugar distante. Ali esbanjou tudo numa vida desregrada. Após gastar tudo o que possuía, houve uma grande fome naquela região, e ele começou a passar necessidade. Então pediu trabalho a um morador do lugar, que o mandou para a roça cuidar dos porcos[75]. O rapaz

---

75. Aos olhos da Lei mosaica, um trabalho humilhante, já que o porco é considerado um animal impuro (*Levítico* 11,7).

queria matar a fome com a lavagem que os porcos comiam, mas nem isso lhe permitiam. Então, ao cair em si, admitiu: 'Quantos empregados do meu pai têm pão com fartura, e eu aqui, a morrer de fome... Vou embora, encontrar meu pai e dizer a ele: 'Pai, pequei contra Deus e contra ti; já não mereço que me chame teu filho. Trata-me como um dos teus empregados'. Levantou-se e foi ao encontro do pai.

Quando ainda estava longe, o pai o avistou e teve compaixão. Saiu correndo, abraçou-o e cobriu-o de beijos. O filho disse: 'Pai, pequei contra Deus e contra ti; já não mereço que me chame teu filho'. Mas o pai disse aos empregados: 'Depressa, tragam a melhor túnica para vestir meu filho. E coloquem um anel no seu dedo e sandálias nos pés. Peguem o novilho gordo e o matem. Vamos fazer um banquete. Porque este meu filho estava morto e tornou a viver; estava perdido e foi encontrado'. E começaram a festa.

O filho mais velho se encontrava na roça. Ao retornar, já perto de casa ouviu música e barulho de dança. Então chamou um dos criados e perguntou o que acontecia. O criado respondeu: 'É seu irmão que voltou. E seu pai, porque o recuperou são e salvo, matou o novilho gordo'. O irmão ficou com raiva e não queria entrar. O pai saiu e insistiu com ele, que respondeu: 'Eu lhe sirvo há tantos anos, jamais desobedeci a qualquer ordem sua; e nunca o senhor me deu um cabrito para eu festejar com meus amigos. Quando chegou esse seu filho, que devorou seus bens com prostitutas, o senhor mata para ele o novilho gordo!'

O pai lhe disse: 'Filho, você está sempre comigo, e tudo o que é meu é seu. Mas era preciso festejar e nos alegrar, porque esse seu irmão estava morto e tornou a viver; estava perdido e foi encontrado'".

Essa parábola, conhecida como "o filho pródigo", ou seja, esbanjador, é uma das mais belas dos evangelhos. Talvez baseada em um fato real. E revela o incondicional amor de Deus por nós. Chamo a atenção para um detalhe: o pai, que aqui representa Deus, não esperou que o filho se desculpasse para acolhê-lo com carinho. Bastou avistá-lo para sair correndo ao encontro dele e "cobri-lo de beijos". Quanta ternura! Mas como isso não bastasse, o pai mandou vesti-lo com a melhor roupa, deu-lhe um anel e ofereceu-lhe um banquete com "o novilho gordo". Quão infinita é a misericórdia de Deus e profundo o amor dele por seus filhos e filhas!

O filho mais velho representa os cristãos vindos do judaísmo; o mais novo, os cristãos vindos do paganismo. Lucas quer aplacar a rixa que havia entre eles na disputa de quem era mais fiel a Deus, representado pela figura do pai.

Os de tradição judaica se consideravam obedientes – "Eu lhe sirvo há tantos anos, jamais desobedeci a qualquer ordem sua" – e reagiam indignados ao fato de as comunidades cristãs acolherem "o filho mais novo", os pagãos, famosos por sua vida devassa, dados à prostituição. O mais velho sequer chama o mais novo de irmão. Diz apenas ao pai: "esse seu filho"... Mas Lucas conclui por mostrar que Jesus estava seguro de que Deus não tem religião, acolhe em sua misericórdia todos e todas como seus filhos e filhas. E o faz com festa – um churrasco ("novilho gordo") com muita música e danças.

Capítulo 16

Jesus contou aos discípulos: "Um homem rico tinha um administrador denunciado por esbanjar os bens dele. Então o chamou e disse: 'O que é isso que ouço contar de você? Preste contas da sua administração, você não pode mais ser o meu administrador'. Então o administrador começou a refletir: 'O patrão vai tirar de mim a administração. E o que farei? Cavar, não tenho forças; mendigar, tenho vergonha. Ah! Já sei o que farei para que, quando me afastarem da administração, tenha quem me receba em sua casa'. E começou a chamar um por um dos que deviam ao seu patrão. Perguntou ao primeiro: 'Quanto deve ao patrão?' Ele respondeu: 'Cem barris de azeite!' O administrador disse: 'Pegue a sua conta, sente-se e, rápido, escreva cinquenta'. Depois perguntou a outro: 'E você, quanto deve?' Ele respondeu: 'Cem sacas de trigo'. O administrador disse: 'Pegue a sua conta e escreva oitenta'. E o patrão elogiou o administrador desonesto, porque agiu com esperteza. De fato, os que pertencem a este mundo são mais espertos com a sua gente do que aqueles que pertencem à luz".

A parábola nos instiga a saber fazer dos bens não um fim em si, mas um meio para angariar amigos e promover boas causas.

Eu lhes recomendo: Usem a riqueza desse mundo injusto para fazer amigos e, assim, quando o dinheiro faltar, os amigos receberão vocês nas moradas eternas. Quem é fiel nas pequenas coisas, também é fiel nas grandes; e quem é injusto nas pequenas, também é injusto nas grandes. Por isso, se vocês não são fiéis no uso da riqueza desse mundo injusto, quem lhes confiará o verdadeiro bem? E se não são fiéis no que é dos outros, quem lhes dará aquilo que é de vocês? Nenhum servo pode servir a dois senhores, porque odiará um e amará o outro, ou se apegará a um e desprezará o outro. Vocês não podem servir a Deus e ao dinheiro.

Em uma sociedade que considerava as riquezas sinais de bênção divina e a pobreza, fruto do pecado, Jesus recomendou usar o dinheiro, fator de tantas injustiças, para ampliar a nossa rede de amizades, criar vínculos de solidariedade, ajudar a quem precisa. Essa fidelidade é meritória. No entanto, há que tomar cuidado para não transformar o dinheiro ou os bens materiais em novos ídolos, em função dos quais se passa a viver. Servir a Deus, à proposta que Ele tem para a humanidade, é incompatível com o apego às riquezas.

Os fariseus, que são amigos do dinheiro, ouviam tudo isso e zombavam de Jesus. Então Jesus disse a eles: "Vocês gostam de parecer justos diante dos homens, mas Deus conhece seus corações. De fato, o que é importante para os homens, é detestável para Deus. A Lei e os profetas chegaram até João; daí para a frente o Reino de Deus é anunciado, e cada um se esforça para nele entrar, com violência. É mais fácil desaparecerem o céu e a terra do que sumir da Lei uma só vírgula".

A lógica de Deus não coincide com a de um sistema que prioriza a competitividade e o acúmulo privado de riquezas. Os fariseus não tinham olhos para enxergar que a velha Lei mosaica teve vigência até João Batista. Com Jesus se inicia a implantação do projeto do Reino. Optar por ele exige rupturas violentas. Ele não revoga a antiga Lei, mas efetiva a sua plenitude.

Todo homem que se divorcia da sua mulher e se casa com outra, comete adultério; e quem se casa com mulher divorciada comete adultério.

É preciso sempre ler o texto dentro do contexto. Jesus viveu em uma sociedade de tradição patriarcal. Foi homem de seu tempo. No contexto de uma sociedade agrária era importante preservar a família como núcleo de produção e reprodução. Por isso, entre os Dez Mandamentos da Lei mosaica figuram "Não cometa adultério" e "Honra seu pai e sua mãe".

Jesus era testemunha de como a opressão romana sobre aquela sociedade camponesa causava ruptura dos laços familiares. Acresce-se a isso o mau exemplo do governador da Galileia, que repudiou sua mulher para se casar com a cunhada.

Naquela sociedade judaica, a mulher não tinha vez nem voz. No entanto, Jesus dava a elas a mesmo valor. Igualdade de direitos! Prova disso foi levantar a hipótese de a mulher repudiar o marido, o que era inconcebível naquele contexto machista e patriarcal[76].

> Havia um homem rico que se vestia de púrpura e linho fino, e dava banquete todos os dias. E um pobre, chamado Lázaro, cheio de feridas, estirado à porta do rico. Ele esperava matar a fome com as sobras que caíam da mesa do rico. E os cachorros vinham lamber-lhe as feridas.
>
> Aconteceu que o pobre morreu, e os anjos o levaram para junto de Abraão. Morreu também o rico, e foi enterrado. No inferno, em meio aos tormentos, o rico levantou os olhos e viu de longe Abraão, com Lázaro a seu lado. Então o rico gritou: "Pai Abraão, tem piedade de mim! Manda Lázaro molhar a ponta do dedo para me refrescar a língua, porque este fogo me atormenta". Mas Abraão respondeu: "Lembre-se, filho: você recebeu seus bens durante a vida,

---

76. "Jesus não se pronuncia propriamente sobre o divórcio tal como se apresenta na atualidade, mas sobre o privilégio exclusivo dos varões de repudiar suas mulheres" (PAGOLA, J.A. *Jesus* – Aproximação histórica. 6 ed. Petrópolis: Vozes, 2013, p. 271).

enquanto Lázaro recebeu males. Agora, porém, ele encontra consolo aqui, e você é atormentado. Além disso, há um grande abismo entre nós: por mais que alguém desejasse, nunca poderia passar daqui para junto de vocês, nem os daí poderiam atravessar até nós". O rico insistiu: "Pai, eu te suplico, envia Lázaro à casa de meu pai, porque tenho cinco irmãos. Manda preveni-los, para que não acabem também vindo para este lugar de tormento". Mas Abraão respondeu: "Eles têm Moisés e os profetas: que os escutem!" O rico insistiu: "Não, pai Abraão! Se um dos mortos for até eles, haverão de se converter". Mas Abraão lhe disse: "Se não escutam a Moisés e aos profetas, mesmo que um dos mortos ressuscite, eles não ficarão convencidos".

"Uma parábola é feita para fazer pensar e refletir. Por isso, é importante prestar atenção até nos seus mínimos detalhes. Na parábola que estamos meditando aparecem três pessoas: Lázaro, o pobre, o único que não fala; o rico sem nome, que puxa conversa o tempo todo; o pai Abraão que, dentro da parábola, representa o pensamento de Deus. O rico sem nome representa a ideologia dominante do governo da época. Lázaro representa o grito "parado no ar" dos pobres do tempo de Jesus, do tempo de Lucas e de todos os tempos"[77].

Essa é uma parábola que reflete a luta de classes. O rico é uma classe social, sequer tem nome pessoal. Um vive no luxo; outro, em situação de rua, jogado na calçada, e tem como amigo apenas os cães que lhe aplacam a dor das feridas.

Diante de Deus, os valores se invertem: o rico é desgraçado; e o pobre, abençoado. E como os ricos não dão ouvidos à Lei e aos profetas, ainda que os mortos ressuscitassem não teriam olhos para ver. As riquezas os cegaram.

---

77. MESTERS, C.; LOPES, M. *O avesso é o lado certo*. Op. cit., p. 108.

Capítulo 17

Jesus disse a seus discípulos: "É inevitável que aconteçam escândalos, mas ai daquele que causá--los! Seria melhor que lhe amarrassem uma pedra de moinho no pescoço e o jogassem no mar do que escandalizar um desses pequeninos".

Escândalos acontecem em todas as instituições, e a Igreja, como todos sabem, não é exceção. Jesus condenou severamente aqueles que escandalizam "um desses pequeninos", ou seja, tanto crianças quanto pobres.

Prestem atenção! Se o seu irmão peca contra você, chame a atenção dele. Se ele se arrepender, perdoe. Se pecar contra você sete vezes num só dia, e sete vezes vier a você, dizendo: "Estou arrependido", você deve perdoá-lo.

Lucas está preocupado com a convivência dentro das comunidades. Exorta os cristãos a serem transparentes um com o outro, a admoestarem aqueles que cometem erros e a sempre perdoar. Como foi dito, o número sete equivale a "infinito". Infinita é a misericórdia de Deus, infinita deve ser a nossa.

Os apóstolos disseram ao Senhor: "Aumenta a nossa fé!" O Senhor observou: "Se vocês tivessem fé do tamanho de uma semente de mostarda, poderiam dizer a esta amoreira: 'Levante-se daí e jogue--se no mar'. E ela obedeceria a vocês".

Aprofundar a fé deve ser uma preocupação constante de todos nós cristãos. Quanto maior a nossa fé, maior a nossa sintonia com a vontade de Deus. E um meio eficaz de fertilizá-la é a prática da oração, como fazia Jesus. A oração é o posto desse combustível chamado fé.

> Se alguém de vocês tem um servo que trabalha a terra ou cuida dos animais, por acaso diz quando ele volta do campo: "Venha depressa para a mesa"? Ao contrário, diz ao servo: "Prepare-me o jantar, cinja-se e sirva-me, enquanto eu como e bebo; depois, você coma e beba". E será que agradece ao servo porque este fez o que lhe havia sido ordenado? Assim também vocês: quando tiverem cumprido tudo o que lhes mandarem fazer, digam: "Somos servos, fizemos o que devíamos fazer".

Aqui uma crítica de Jesus à meritocracia. O discípulo deve cumprir suas obrigações sem esperar recompensa. Os militantes do Reino jamais devem se engajar de olho em cargos, promoções, privilégios ou dinheiro.

> Ao caminhar rumo a Jerusalém, Jesus passou entre a Samaria e a Galileia. Quando estava para entrar num povoado, dez hansenianos foram ao encontro dele. Pararam à distância e gritaram: "Jesus, Mestre, tem compaixão de nós!" Ao vê-los, Jesus recomendou: "Vão se apresentar aos sacerdotes".
> Enquanto caminhavam, ficaram curados. Ao perceber isso, um deles voltou atrás dando glória a Deus em voz alta. Jogou-se no chão, aos pés de Jesus, e lhe agradeceu. Este era um samaritano. Então Jesus lhe perguntou: "Não foram dez os curados? E os outros nove, onde estão? Não houve quem voltasse para dar glória a Deus, a não ser este estrangeiro?" E disse a ele: "Levante-se e vá. Sua fé o salvou".

Jesus, na viagem rumo a Jerusalém, aconselhou os homens curados a se apresentarem aos sacerdotes para que fossem reintegrados à sociedade. Dos dez beneficiados, apenas um demonstrou gratidão. E justamente um homem que os religiosos da Judeia consideravam "herege" – um samaritano!

Demonstrar gratidão pelos dons que recebemos é, no mínimo, uma atitude de educação.

> Os fariseus perguntaram a Jesus sobre o momento em que chegaria o Reino de Deus. Jesus respondeu: "O Reino de Deus não vem ostensivamente. Nem se poderá dizer: 'Está aqui' ou: 'está ali', porque o Reino de Deus está no meio de vocês".

Na cabeça de muitos contemporâneos de Jesus, inclusive de alguns apóstolos, o Reino de Deus seria uma reedição do reino de Davi, com Israel predominando sobre os demais povos. Para Jesus, o Reino é um novo projeto civilizatório, no qual todos vivem como irmãos e irmãs, com iguais direitos e oportunidades.

Como uma semeadura, o Reino de Deus se implanta progressivamente, a partir de iniciativas libertadoras – um governo que reduz a desigualdade social; uma iniciativa que defende os direitos dos pobres e dos excluídos; uma legislação que combate os abusos do capital e situa o direito à vida acima da propriedade privada etc.

O Reino, como alertou Jesus, já está no meio de nós. Suas ferramentas são os movimentos populares e identitários; os sindicatos combativos; os partidos que advogam as causas dos pobres; as comunidades religiosas que abraçam os valores e as propostas do Movimento de Jesus etc.

> Jesus disse aos discípulos: "Chegarão dias em que vocês desejarão ver um só dia do Filho do Homem, e não poderão ver. Dirão a vocês: 'Ele está ali' ou: 'Ele está aqui'. Não saiam para procurá-lo. Pois como o relâmpago brilha de um lado a outro do céu, assim também será o Filho do Homem. Antes, porém, Ele deverá sofrer muito e ser rejeitado por esta geração. Como aconteceu nos dias de Noé, assim também acontecerá nos dias do Filho do Homem. Eles comiam, bebiam, se casavam e se da-

vam em casamento, até o dia em que Noé entrou na arca. Então veio o dilúvio e fez com que todos morressem. Acontecerá como nos dias de Ló: comiam e bebiam, compravam, plantavam e construíam. Mas, no dia em que Ló saiu de Sodoma, Deus fez chover fogo e enxofre do céu, e todos morreram. O mesmo acontecerá no dia em que o Filho do Homem for revelado. Nesse dia, quem estiver no terraço não desça para apanhar os bens que estão em casa; e quem estiver nos campos não volte para trás. Lembrem-se da mulher de Ló. Quem procura ganhar a sua vida, vai perdê-la; e quem a perde, vai conservá-la. Afirmo a vocês: nessa noite, dois estarão numa cama. Um será tomado e o outro deixado. Duas mulheres estarão moendo juntas. Uma será tomada e a outra deixada. Dois homens estarão no campo. Um será levado e o outro deixado".

Os discípulos perguntaram: "Senhor, onde acontecerá isso?" Jesus respondeu: "Onde estiver o cadáver, aí se reunirão os urubus".

Após alertar os cristãos a não se deixarem iludir por falsos messias, Lucas cria uma metáfora para afirmar que "onde houver um cadáver" – o legalismo esclerosado da religião do Templo –, ali "se juntarão os abutres", as tropas romanas que invadiram Jerusalém.

Toda a descrição, de caráter apocalíptico, acentua a importância de se priorizar a proposta do Reino, a revelação do Filho do Homem.

Capítulo 18

Jesus contou aos discípulos esta parábola para mostrar-lhes a necessidade de orar sempre, sem nunca desistir: "Em uma cidade havia um juiz que não temia a Deus, nem respeitava homem algum. Na mesma cidade havia uma viúva que vivia à procura do juiz para pedir: 'Faça-me justiça contra o meu adversário!' Durante muito tempo, o juiz se recusou. Por fim pensou: 'Não temo a Deus e não respeito homem algum; mas essa viúva me aborrece muito. Vou fazer-lhe justiça para que pare de me incomodar'".
E o Senhor acrescentou: "Escutem o que diz esse juiz injusto. E Deus não faria justiça aos seus escolhidos, que dia e noite gritam por Ele? Será que vai fazê-los esperar? Eu lhes asseguro que Deus fará justiça para eles, e bem depressa. Mas, o Filho do Homem, quando vier, será que vai encontrar a fé sobre a terra?"

Nossa oração deve ser persistente. Na verdade, Jesus não quis dar a entender que Deus, como os governos, precisa ser pressionado para nos atender, e sim que devemos, pela oração, aprofundar nossa fé.

Para alguns que confiavam na sua própria justiça e desprezavam os outros, Jesus contou esta parábola: "Dois homens subiram ao Templo para orar; um era fariseu; o outro, cobrador de impostos. O fariseu, de pé, orava assim no seu íntimo: 'Ó Deus, eu te agradeço, porque não sou como os outros homens, que são ladrões, desonestos, adúlteros, nem como esse cobrador de impostos. Faço jejum duas vezes por semana e dou o dízimo de toda a minha renda'. O cobrador de impostos ficou à distância, e nem se atrevia a levantar os olhos para o céu, mas batia no peito, dizendo: 'Meu Deus, tem piedade de mim, que sou pecador!' Afirmo a vocês: este último voltou para casa justificado, o outro não. Pois quem se eleva será humilhado, e quem se humilha será elevado".

Essa é uma parábola irônica. Jesus cotejou o fariseu, que se achava puro, santo, com o coletor de impostos, considerado pelo fariseu um pecador. Trata-se de uma forte crítica à nossa espiritualidade. Há cristãos que se julgam melhores do que os outros, cheios de si, e os que reconhecem, com humildade, suas fragilidades e limitações.

A comunidade de Lucas faz aqui uma forte crítica à religião esclerosada representada pela figura do fariseu. E o cobrador de impostos, acusado de ser "impuro" pelos fariseus, é quem de fato age como Deus quer.

Algumas pessoas levaram crianças para Jesus abençoar. Ao ver aquilo, os discípulos as repreendiam. Jesus, porém, chamou-os e disse: "Deixem as crianças vir a mim. Não proíbam, porque o Reino de Deus pertence a elas. Garanto a vocês: Quem não receber como uma criança o Reino de Deus, nunca entrará nele".

Dar atenção a crianças era, no tempo de Jesus, "coisa de mulher". Jesus não apenas repreendeu os discípulos por quererem impedir que elas se aproximassem dele, como associou-as ao projeto do Reino. As crianças, em geral, são transparentes, sinceras, generosas, qualidades que devem ter os militantes do Reino.

Um homem importante perguntou a Jesus: "Bom Mestre, o que devo fazer para receber em herança a vida eterna?" Jesus respondeu: "Por que me chama de bom? Só Deus é bom, e ninguém mais. Você conhece os mandamentos: não cometa adultério; não mate; não roube; não levante falso testemunho; honre seu pai e sua mãe". O homem disse: "Desde jovem tenho observado todas essas coisas". Ao ouvir isso, Jesus retrucou: "Falta ainda algo a fazer: venda tudo que possui, distribua o dinheiro aos pobres, e terá um tesouro no céu. Depois venha e me siga". Ao escutar isso, o homem ficou triste, porque era muito rico.

Esse episódio demonstra que Lucas destina seu relato evangélico a comunidades cristãs integradas também por pessoas abastadas. Entretanto, embora possuísse alto *status* social – pois Lucas era médico, e endereçou seu evangelho a uma pessoa de nível social privilegiado, o "excelentíssimo Teófilo" –, é o evangelista que mais tem "consciência de classe". Por isso acentua a radical opção de Jesus pela causa dos pobres.

O relato inicia por sublinhar que Jesus foi abordado por uma "pessoa importante". O sujeito o faz em tom bajulador: "Bom mestre!" E como tinha posses e, portanto, asseguradas suas condições de vida neste mundo, quis saber como investir na poupança celestial...

Jesus não gostou da bajulação: "Por que me chama de bom? Só Deus é bom". E passou a citar os mandamentos. Curioso que não enumerou a lista completa dos Dez Mandamentos. Apenas cinco. E mais intrigante ainda, para as almas piedosas, é ter omitido todos os mandamentos que dizem respeito a Deus. Salientou somente os que se referem ao próximo. Jesus teria sido um bom aluno de catequese?...

Aqui reside o eixo do cristianismo: é uma religião para a qual quem serve ao próximo serve a Deus. E sublinho: ainda que não tenha fé. E a recíproca não é verdadeira, ou seja, quem frequenta a igreja, faz promessas e sacrifícios, mas destrata o próximo, peca por omissão e ofensa.

A reação do homem foi admirável, assegurou que "desde jovem tenho observado todas essas coisas". Um santo! Quem de nós pode afirmar o mesmo? Mas não foi por essa ótica que Jesus o encarou. A exigência principal o interlocutor não cumpria – a opção pelos pobres. Por isso Jesus afirmou que ainda lhe faltava uma coisa: desapegar-se de seus bens e socializar sua riqueza. Só assim ele poderia ingressar no Movimento de Jesus e ser considerado seu discípulo.

O dinheiro falou mais alto. Lucas registra que "ao escutar isso, o homem ficou triste, porque era muito rico".

Azar do homem foi Jesus não ter nascido em Minas Gerais... Sou mineiro e conheço a fama de que meus conterrâneos são muito condescendentes. Ao contrário do ditado tradicional, preferimos dar um boi para não entrar na briga e uma boiada para continuar fora dela... Fosse mineiro, talvez Jesus tivesse dito a ele: você, que desde jovem cumpre todos esses mandamentos, é um santo! Venha, siga-me e, com o tempo, haverá de melhorar ainda mais. Contudo, Jesus era um galileu radical. Não no sentido de extremado, e sim de quem vai à raiz das opções de vida. Por isso frisou que, para estar ao lado dele, primeiro é preciso estar do lado dos pobres. Chega a Jesus quem entra pela porta dos direitos dos excluídos.

Mas o que é "opção pelos pobres"? Na mensagem catequética "Curar o mundo", de 19 de agosto de 2020, em plena pandemia, o papa Francisco afirma que "a opção preferencial pelos pobres está no coração do Evangelho. E o primeiro a fazer isso foi Jesus". Essa opção não significa fazer-se pobre entre os pobres. Isso seria romântico e só aumentaria o problema social. Significa colocar-se em defesa dos direitos dos pobres e combater as causas da pobreza. É muito difícil assumir tal postura se não temos contato direto com o mundo dos excluídos. A cabeça pensa onde os pés pisam. Em suma, fazer o que fez Jesus: colocou-se a serviço dos pobres e criticou corajosamente os opressores interessados em manter a desigualdade social.

> Diante da reação do homem rico, Jesus disse: "Como é difícil para os ricos entrar no Reino de Deus! De fato, é mais fácil um camelo entrar pelo buraco de uma agulha do que um rico entrar no Reino de Deus". Os que ouviram isso, disseram: "Então, quem pode ser salvo?" Jesus disse: "As coisas impossíveis para os homens são possíveis para Deus".

O provérbio "é mais fácil passar um camelo pelo buraco de uma agulha do que um rico entrar no Reino de Deus" era um dito popular dos camponeses da Galileia. O camelo era o maior animal encontrado na Palestina. E quando Jesus concluiu ao afirmar que "para Deus tudo é possível", não quis dizer que um rico poderia entrar no Reino. Deus não é mágico, não faz um camelo passar pelo buraquinho de uma agulha. O que Deus pode fazer é tentar convencê-lo a colocar os bens – materiais e espirituais, como talentos e inteligência – a serviço dos pobres. Como fizeram o jovem burguês italiano Francisco de Assis, o advogado indiano Mohandas Karamchand Gandhi, o médico alemão Albert Schweitzer, o advogado e filho de latifundiário Fidel Castro Ruz, o médico argentino Ernesto Guevara, a filósofa francesa Simone Weil e tantos outros.

> Então Pedro disse: "Vê: deixamos os nossos bens e te seguimos". Jesus disse: "Garanto a vocês: quem tiver deixado casa, mulher, irmãos, pais, filhos, por causa do Reino de Deus, não ficará sem receber muito mais durante esta vida e, no mundo futuro, a vida eterna".

A reação de Pedro foi semelhante à do homem rico. Que recompensa haveremos de receber? Jesus assegurou que todo militante da causa do Reino haverá de ser recompensado muito mais do que imagina. Mas não recompensa material, no sentido de possuir muitos bens, e sim de uma vida digna.

Na luta contra a ditadura militar, que oprimiu o povo brasileiro ao longo de 21 anos, conheci inúmeros militantes que, mergulhados na clandestinidade para escapar da repressão, viveram essa experiência de poder ter "casa, irmãos, pais, filhos, por causa do Reino de Deus". Eu mesmo passei por isso. Não faltava quem quisesse nos abrigar, mesmo sob o risco de ser acusado de cumplicidade.

Porém, o episódio encerra um sentido bem mais amplo. Devemos renunciar para que outros possam se beneficiar. Se os ricos abrissem mão de seus bens supérfluos, ninguém passaria necessidade. Se ao menos pagassem os impostos devidos e não estocassem suas fortunas em paraísos fiscais, as políticas sociais contariam com muito mais recursos e haveria menos miséria e pobreza. Esse é o projeto do Reino, que não é o de César, mas de Deus!

Creio que todos nós conhecemos pessoas abastadas que colocam seus bens a serviço da justiça social, ou seja, da causa do Reino. São exceção, mas existem. O próprio Jesus conheceu algumas: o fiscal de rendas Mateus; o rico Zaqueu; o bom samaritano; e Joana, esposa de um alto funcionário do governo de Herodes Antipas.

"Enfim, no cristianismo não há nenhum espaço para a chamada 'Teologia da prosperidade', que identifica uma coincidência entre riqueza e bênção divina. [...] O pobre não é pobre porque Deus quer; o pobre não é pobre porque é amaldiçoado por Deus; o pobre não é pobre porque é pecador. O pobre é pobre porque há quem o explora, porque os ricos não abrem seus ouvidos para Deus que os convida a renunciar às suas riquezas"[78].

> Jesus chamou à parte os Doze, e os advertiu: "Vejam: estamos subindo para Jerusalém, e vai se cumprir tudo o que foi escrito pelos profetas a respeito do Filho do Homem. Ele será entregue aos pagãos, será

---

78. OLIVA, A.S. Evangelho de Lucas. *Estudos Bíblicos*, Petrópolis: Vozes, n. 47, 1995, p. 35.

caçoado, ultrajado e coberto de cuspidas. Vão torturá-lo e matá-lo e, no terceiro dia, Ele ressuscitará". Mas os discípulos não compreenderam nada. Essas palavras soaram obscuras para eles, não entendiam o que Jesus dizia.

Lucas escreve cinquenta anos depois de Jesus ter sido assassinado como prisioneiro político em Jerusalém. Por isso, já está ciente de tudo que o Mestre teria previsto. O interessante é a observação de que os discípulos não captaram a previsão de que a cruz despontava no horizonte da militância de Jesus. É muito difícil admitir que a nossa militância pode culminar em tortura e morte, mas sou testemunha de quantos companheiros e companheiras, sob a ditadura militar (1964-1985), não descartaram essa possibilidade, e muitos a enfrentaram.

> Quando Jesus se aproximava de Jericó, um cego, sentado à beira do caminho, pedia esmolas. Ao ouvir a multidão passar, perguntou o que ocorria. Disseram-lhe que Jesus Nazareno passava por ali. Então o cego gritou: "Jesus, filho de Davi, tem piedade de mim!" As pessoas que caminhavam à frente mandaram que se calasse. Mas ele gritava ainda mais: "Filho de Davi, tem piedade de mim!" Jesus parou e mandou que levassem o cego até Ele. Quando o cego se aproximou, Jesus perguntou: "O que deseja que eu faça por você?" O cego respondeu: "Senhor, quero ver de novo". Jesus disse: "Veja. A sua fé curou você". No mesmo instante, o cego começou a ver e seguir Jesus, glorificando a Deus. Ao presenciar isso, todo o povo louvou a Deus.

Jesus não atribuiu a si a cura do cego, e sim à fé do homem que recuperou a vista.

Capítulo 19

Jesus chegou a Jericó e atravessou a cidade. Morava ali um homem muito rico chamado Zaqueu, chefe dos cobradores de impostos. Zaqueu desejava avistar Jesus, mas não conseguia, por causa da multidão, pois era muito baixo. Então correu na frente e subiu numa figueira para vê-lo. Jesus devia passar por ali. Quando Ele chegou sob a figueira, olhou para cima e disse: "Desça depressa, Zaqueu, porque hoje ficarei em sua casa". Ele desceu rapidamente e recebeu Jesus com alegria.

Ao ver aquilo, muitos criticaram: "Ele foi se hospedar na casa de um pecador!" Zaqueu ficou de pé e disse ao Senhor: "A metade dos meus bens, Senhor, darei aos pobres; e, se roubei alguém, devolverei quatro vezes mais". Jesus lhe disse: "Hoje a salvação entrou nesta casa, porque também este homem é filho de Abraão. De fato, o Filho do Homem veio procurar e salvar o que estava perdido".

Jesus caminhava da Galileia rumo a Jerusalém. Para evitar a Samaria, cujos habitantes não acolhiam com simpatia quem se dirigia à Judeia, Ele preferiu o caminho mais longo através da Pereia e, assim, entrou em Jericó.

Esse episódio comprova a preocupação de Lucas com os ricos que participavam da comunidade cristã primitiva, possivelmente amigos do "excelentíssimo Teófilo".

Estive em Jericó em 1997. É a mais antiga cidade do mundo em atividade constante desde que foi fundada em torno de um oásis, há 11 mil anos! Situa-se na Cisjordânia.

Chama a atenção o fato de Ele, desprovido de preconceito, decidir se hospedar na casa de Zaqueu, um "pecador" aos olhos das autoridades religiosas judaicas, por ser chefe dos fiscais de renda. Uma atitude ousada de Jesus, pois os cobradores de impostos (publicanos) eram malvistos pela população, por cobrarem impostos para os ocupantes romanos pagãos que, com certeza, dispendiam parte do dinheiro no culto aos ídolos...

Zaqueu, no entanto, se sentiu interpelado por Jesus. Deu-se conta de que, sem optar pelos pobres, não poderia segui-lo. Assim, prometeu socializar com os excluídos a metade de seus bens, e ainda restituir o quádruplo do valor a quem ele havia fraudado. Como diria Maria, o rico ficou "de mãos vazias". Em suma, Zaqueu abraçou a causa do Reino, que se centra na defesa dos direitos dos empobrecidos.

> Ao perceber que seus discípulos supunham que o Reino de Deus chegaria logo, Jesus contou esta parábola: "Um homem nobre partiu para um país distante a fim de ser coroado rei e depois voltar. Chamou então dez de seus servos, entregou cem moedas de prata para cada um, e disse: 'Negociem até que eu retorne'. Seus concidadãos, porém, o odiavam, e enviaram uma embaixada atrás dele, dizendo: 'Não queremos que esse homem reine sobre nós'. Mas o homem foi coroado rei e voltou. Mandou chamar os servos, aos quais havia dado o dinheiro, a fim de saber quanto haviam lucrado. O primeiro disse: 'Senhor, as cem moedas renderam dez vezes mais'. O homem retrucou: 'Muito bem, servo bom. Como foi fiel em coisas pequenas, receba o governo de dez cidades'. O segundo disse: 'Senhor, as cem moedas renderam cinco vezes mais'. O homem falou: 'Receba também você o governo de cinco cidades'. Chegou outro servo e disse: 'Senhor, aqui estão as cem moedas que guardei num lenço. Fiquei com medo do senhor, pois sei que é

um homem severo. Toma o que não recebeu e colhe o que não semeou'. O homem disse: 'Empregado mau, eu julgo você pela sua própria boca. Você sabia que sou um homem severo, tomo o que não entreguei e colho o que não semeei. Então, por que não depositou meu dinheiro no banco? Ao chegar, eu o retiraria com juros'. Em seguida, disse aos que estavam presentes: 'Tirem dele as cem moedas e deem para aquele que tem mil'. Os presentes disseram: 'Senhor, esse já tem mil moedas!' Ele respondeu: 'Afirmo a vocês: a todo aquele que já possui, será dado ainda mais. Mas daquele que nada tem, será tirado até mesmo o que tem. E quanto a esses inimigos, que não queriam que eu reinasse sobre eles, tragam aqui e matem na minha frente'".

Após dizer essas coisas, Jesus partiu na frente deles, rumo a Jerusalém.

Essa parábola se encontra, em versão diferente, no capítulo 25 do *Evangelho de Mateus*. É provável que tenha sido inspirada em fatos históricos presentes na memória dos contemporâneos de Jesus. Em 4 a.C., após a morte de Herodes, seu filho Arquelau foi a Roma na esperança de regressar com o título de rei da Judeia. Contudo, uma missão de cinquenta legados judeus se antecipou junto ao imperador e, assim, ele retornou à Palestina apenas com o título de tetrarca, o que o levou a se vingar com tão intensa repressão ao povo que acabou por perder o poder e foi forçado a se exilar.

A parábola tem sido interpretada como se o nobre representasse Deus e, as moedas de prata, os dons que Ele nos deu, que devemos saber multiplicar. Ora, nada mais equivocado. Esse rei não merece ser comparado a Deus. O homem que afirma "tomo o que não entreguei e colho o que não semeei", mais se assemelha a um banqueiro, que vive de administrar o dinheiro dos outros. Isso é reiterado pelo servo que recebeu cem moedas e devolveu o mesmo valor: "Fiquei com medo do senhor, pois sei que é um homem severo. Toma o que não recebeu e colhe o que não semeou". Só quem se apropria do trabalho dos outros, como faz o capitalista, toma o que não deu e colhe o que não semeou. Ora, jamais se pode comparar a Deus essa figura do rei achacador! Não devemos ler essa parábola pela ótica do rei, e sim pela ótica dos servos. Nesse sentido, a parábola denuncia a concentração de riqueza em mãos de poucos, os lucros exorbitantes apropriados por quem explora o trabalho alheio. Os servos que multiplicaram o dinheiro são os oprimidos que pensam conforme a cabeça do opressor. Só o servo que devolveu o mesmo valor rompeu a lógica do sistema. Ousou recusar a trabalhar para que o patrão lucrasse à custa dele. Não consentiu que a pobreza dele significasse a riqueza do rei.

Impressionante a semelhança do que a parábola descreve com a sociedade capitalista na qual vivemos hoje! São os pobres que, proporcionalmente, mais pagam impostos, através do que consomem. E toda vez que um banco entra em crise, o governo trata de socorrê-lo com o nosso dinheiro! "A todo aquele que já possui, será dado ainda mais, e daquele que nada tem, será tirado até mesmo o que tem."

Ao se aproximar de Betfagé e Betânia, próximas do Monte das Oliveiras, Jesus enviou dois discípulos: "Vão até o povoado em frente. Ao entrarem ali, encontrarão um jumentinho amarrado que nunca foi montado. Desamarrem o animal e o tragam. Se alguém perguntar: 'Por que o desamarram?', respondam: 'Porque o Senhor precisa dele'".
Os discípulos foram e encontraram tudo como Jesus havia dito. Ao desamarrarem o jumentinho, os donos perguntaram: "Por que desamarram o animal?" Os discípulos responderam: "Porque o Senhor precisa dele". Então levaram o jumentinho a Jesus. Colocaram os próprios mantos sobre o animal e, então, Jesus montou. Enquanto avançava, as pessoas estendiam seus mantos ao longo do trajeto.

Betfagé e Betânia, povoados vizinhos, distavam 3km de Jerusalém. Vê-se que Jesus já havia preparado de antemão sua entrada "triunfal" em Jerusalém, contrapondo um simples jumentinho aos garbosos cavalos brancos usados por reis e imperadores. Estender os mantos pelo caminho era sinal de reconhecimento da realeza.

Quando Jesus chegou junto à descida do Monte das Oliveiras, os discípulos, alegres, louvavam a Deus, em voz alta, por todos os milagres que tinham visto. E aclamavam: "Bendito aquele que vem como Rei, em nome do Senhor! Paz no céu e glória no mais alto do céu". Do meio da multidão, alguns fariseus sugeriram a Jesus: "Mestre, manda seus discípulos se calarem". Jesus retrucou: "Fiquem sabendo: se eles se calarem, as pedras gritarão".

Os discípulos, ao aclamarem Jesus, irritaram os fariseus. Estes temiam a reação dos ocupantes romanos, que não admitiam outra realeza senão a de César.

Ao contemplar Jerusalém, Jesus começou a chorar. E lamentou: "Se também você compreendesse, hoje, o caminho da paz! Agora, porém, isso está escondido aos seus olhos! Chegarão dias em que os inimigos farão trincheiras contra você, a cercarão e apertarão de todos os lados. Esmagarão você e seus filhos, e não deixarão pedra sobre pedra. Porque você não reconheceu o tempo em que Deus veio para visitá-la".

Jesus amava Jerusalém e, por isso, Lucas o retrata chorando frente ao destino trágico da cidade sagrada, que não reconheceu os sinais do Reino de Deus e esquecera o que os babilônios fizeram a ela (*2Reis* 25,1-7) e repetiria no ano 70, quando os romanos, comandados pelo general Tito, filho do imperador Vespasiano, invadiram e destruíram Jerusalém, após cinco meses de cerco. O Templo foi posto abaixo, exceto o muro – conhecido como Muro das Lamentações – que, hoje, sustenta a Mesquita de Omar. Lucas coloca na boca de Jesus um fato posterior à morte do Nazareno.

Ao entrar no Templo, Jesus começou a expulsar os que ali vendiam produtos. E advertiu: "Está nas Escrituras: 'Minha casa será casa de oração'. No entanto, vocês fizeram dela uma toca de ladrões". Jesus ensinava todos os dias no Templo. Os chefes dos sacerdotes, os doutores da Lei e demais autoridades procuravam um jeito de assassiná-lo. Mas não sabiam o que fazer, porque todo o povo ficava fascinado quando ouvia Jesus falar.

Eis a mais subversiva atitude de Jesus: expulsar do Templo cambistas e comerciantes, e qualificar o recinto religioso, como fez o profeta Jeremias seis séculos antes, de antro de ladrões! Foi a gota d'água!

Como observa o biblista Overman[79], "no tempo de Jesus havia quem visse o Templo como um braço do imperialismo romano. Aos olhos de muitos líderes populares, o Templo servia para apoiar e defender o domínio e a administração romanos na terra de Israel. [...] Os líderes do Templo eram cúmplices de Roma e procuravam estender o controle, a usura e a expansão dos romanos".

O Templo atraía fiéis de toda a orla do Mediterrâneo, sobretudo nas grandes festas religiosas, e o Sinédrio só admitia que os sacrifícios oferecidos fossem pagos numa única moeda, o siclo, cunhada em prata. Era preciso fazer câmbio para, em seguida, comprar os animais sacrificados, entre os quais pombas. Daí o intenso comércio que havia ali dentro e, com ele, as falcatruas.

---

79. *O Evangelho de Mateus e o judaísmo formativo. Op. cit.*, p. 321.

Capítulo 20

Certo dia, no Templo, Jesus instruía o povo e anunciava a proposta do Reino de Deus. Então os chefes dos sacerdotes, os doutores da Lei e os anciãos se aproximaram e indagaram: "Diga-nos com que autoridade faz essas coisas. Quem lhe deu autoridade?" Jesus respondeu: "Também faço uma pergunta a vocês: o batismo de João vinha do céu ou dos homens?"

Eles comentaram entre si: "Se respondermos que vinha do céu, ele questionará: 'Por que vocês não acreditaram em João?' Se dissermos que vinha dos homens, o povo nos apedrejará, porque está convencido de que João era profeta". Então responderam que não sabiam de onde vinha. E Jesus disse a eles: "Pois também não direi a vocês com que autoridade faço essas coisas".

Jesus, homem inteligente, não caía em ciladas, devolvia a pergunta a quem o provocasse. E ao evocar João Batista, venerado pelo povo, fechava a boca das autoridades religiosas.

Jesus contou ao povo esta parábola: "Um homem plantou uma vinha, arrendou-a para alguns agricultores e partiu para longa viagem ao estrangeiro. Na época da colheita, mandou um servo aos agricultores para que lhe dessem uma parte da renda da vinha. Mas os agricultores bateram nele e o mandaram de volta sem nada. O dono mandou outro servo. Os agricultores bateram nele também, o insultaram e o mandaram de volta sem nada. O dono mandou ainda um terceiro servo. Os agricultores também o feriram e o jogaram para fora. Então o dono da vinha pensou: 'O que farei? Vou mandar o meu filho querido. Talvez eles o respeitem'. Mas, ao vê-lo, os agricultores comentaram entre si: 'Esse é o herdeiro. Vamos matá-lo para ficarmos com a herança'. Então arrastaram o filho para fora da vinha e o mataram. Ora, o que o dono da vinha fará com esses agricultores? Ele virá, punirá esses agricultores e entregará a vinha a outros". Ao ouvir isso, eles disseram: "Que isso não aconteça!" Jesus olhou atentamente para eles e disse: "O que significa, então, esta passagem das Escrituras: 'A pedra que os construtores deixaram de lado tornou-se a pedra mais importante?' Todo homem que cair sobre essa pedra, ficará em pedaços, e aquele sobre quem ela cair, ficará reduzido a pó".

Então, naquele momento, os doutores da Lei e os chefes dos sacerdotes procuraram prender Jesus. Tinham entendido muito bem que a parábola era contra eles. Mas ficaram com medo do povo.

O dono da vinha é obviamente Deus, que nos entregou a Criação. Ele enviou patriarcas e profetas à humanidade na esperança de que lhes desse ouvidos e, assim, fosse "feita a sua vontade", conforme oramos no *Pai-nosso*. Por fim, nos enviou seu Filho, Jesus de Nazaré, também assassinado como muitos que o precederam.

"A pedra que os construtores deixaram de lado tornou-se a pedra mais importante." Imagem retirada das edificações da época, todas de pedra. Os mestres de obras selecionavam as pedras destinadas à construção de um edifício e rejeitavam as defeituosas (*Salmos* 118,22ss.). Jesus era a pedra rejeitada...

A vinha é um dos símbolos de Israel. A parábola é uma nítida crítica da comunidade de Lucas aos que rejeitaram Jesus como Filho de Deus e ainda o assassinaram.

Os doutores da Lei e os chefes dos sacerdotes ficaram à espreita. Mandaram espiões, disfarçados de justos, a fim de surpreender Jesus em alguma palavra. Desse modo poderiam entregá-lo ao poder e à autoridade do governador. Os espiões perguntaram a Jesus: "Mestre, sabemos que fala e ensina com retidão. Não leva em conta as aparências, mas ensina de verdade o caminho de Deus. É lícito ou não pagar o tributo a César?" Jesus, porém, percebeu a astúcia deles e disse: "Mostrem-me a moeda. De quem é a figura e a inscrição que está nessa moeda?" Eles responderam: "De César". Então Jesus disse: "Pois devolvam a César o que é de César, e a Deus o que é de Deus". E eles não puderam repreender Jesus com nenhuma palavra diante do povo. Admirados com a resposta de Jesus, ficaram em silêncio.

Jesus não caiu na cilada. Não trazia dinheiro consigo. Aliás, essa é uma das passagens mais utilizadas por aqueles que insistem em despolitizar o Evangelho e a militância de Jesus. Como se Ele marcasse nítida separação entre o Estado e a Igreja, e mandasse seus seguidores respeitarem o governo e suas leis, ainda que injustas ou decretadas por uma ditadura. Ou seja, pagar o imposto cobrado pelo Estado e serem fiéis a Deus.

Ora, os fariseus e os partidários de Herodes não teriam feito tal pergunta-cilada se considerassem que política e religião são duas esferas totalmente diferentes. E sabiam muito bem que, segundo a Lei de Moisés, não era lícito pagar tributo a César. Contudo, se não o fizessem, podiam ser acusados de rebeldia.

De modo inteligente, Jesus não disse que não se devia pagar imposto aos romanos. Evitou o confronto direto com os ocupantes estrangeiros. Mas também não justificou o imposto. Nem se manteve neutro. Ao responder "devolvam a César o que é de César, e a Deus o que é de Deus", não quis demarcar a separação entre Estado e religião, e sim criticar a ocupação da Palestina pelos romanos. Judeia, Samaria e Galileia eram de Deus, e não de César, que deveria tirar dali suas tropas e seus representantes, como o governador Pôncio Pilatos. Jesus quis ressaltar: "[...] não deis nunca a nenhum César o que só pertence a Deus: a dignidade dos pobres e a felicidade dos que sofrem"[80].

Cobrar impostos dos povos subjugados era uma das maneiras de os romanos humilharem e empobrecerem seus súditos. No tempo de Jesus, todos os habitantes da Palestina pagavam tríplice imposto: aos romanos; aos governantes das várias províncias, como a Herodes Antipas na Galileia; e o dízimo ao Estado-Templo judeu em Jerusalém. Ou melhor, os dízimos, porque todos tinham a obrigação de remeter ao Templo 10% do que produziam para manter os sacerdotes. E cada pessoa tinha que pagar meio siclo por ano para custear o serviço litúrgico cotidiano de oferta de sacrifícios. Meio siclo equivalia ao salário de dois dias de um trabalhador qualificado. E todas as famílias deviam destinar 10% da renda anual às três grandes festas que, anualmente, atraíam milhares de peregrinos: Páscoa (quando os judeus celebram a passagem da escravidão no Egito para a liberdade); Pentecostes (festa das colheitas. Pentecostes deriva de "penta", 50 dias depois da Páscoa); e Tendas (que comemora os 40 anos de travessia do deserto e a fragilidade do povo, abrigado em acampamentos). E de três em três anos a pessoa era obrigada a pagar mais um dízimo ao Templo para socorro aos pobres.

> Os saduceus afirmam que não existe ressurreição. Alguns deles se aproximaram de Jesus e lhe propuseram esta questão: "Mestre, Moisés escreveu para nós: 'Se alguém morrer e deixar a esposa sem filhos, o irmão desse homem deve casar-se com a viúva, a fim de que possam ter filhos em nome do irmão que morreu'. Ora, havia sete irmãos. O pri-

---

80. PAGOLA, J.A. *Jesus. Op. cit.*, p. 135.

meiro se casou e morreu sem ter filhos. Também o segundo e o terceiro se casaram com a viúva. E assim os sete. Todos morreram sem deixar filhos. Por fim, morreu também a mulher. E agora? Na ressurreição, a mulher será esposa de quem? Todos os sete se casaram com ela!"

Jesus respondeu: "Nesta vida, os homens e as mulheres se casam, mas aqueles que Deus julgar dignos da ressurreição dos mortos e de participar da vida futura não se casarão mais, porque não podem mais morrer, pois serão como os anjos. E serão filhos de Deus, porque ressuscitaram. E que os mortos ressuscitam, já Moisés indica na passagem da sarça, quando chama o Senhor de 'o Deus de Abraão, o Deus de Isaac e o Deus de Jacó'. Deus não é Deus de mortos, mas de vivos, pois todos vivem para Ele".

Alguns doutores da Lei disseram a Jesus: "Foi uma boa resposta, Mestre". E ninguém mais tinha coragem de perguntar coisa nenhuma a Jesus.

Os saduceus formavam uma das várias tendências do judaísmo, a de famílias mais ricas e conservadoras nas ideias, porém liberais na conduta. Entre o povo de Israel, eram os principais cúmplices da dominação romana, que assegurava seus privilégios[81].

Uma das características deles era aceitar como palavra de Deus apenas os cinco primeiros livros do Primeiro Testamento, que formam a Torá, livro sagrado dos judeus, chamado também de Pentateuco (penta = por serem cinco). E não acreditavam na ressurreição dos mortos. Daí a pergunta capciosa que fizeram a Jesus.

Jesus não caiu na cilada armada por eles. Rejeitou a coisificação da mulher, como se ela fosse um objeto transferido de geração

---

81. "Os saduceus gozam da confiança apenas dos ricos; não encontram seguidores entre a população de baixo nível" (FLÁVIO JOSEFO. *Antiguidades judaicas*, XIII, x, 6 apud MYERS, C. *O Evangelho de São Marcos*. São Paulo: Paulinas, 1992, p. 377.

a geração. Nesse questionamento a Jesus, o que interessava aos saduceus era preservar a família patriarcal e conservar a posse da propriedade. Eles não se importavam com a mulher que passara de mão em mão – ou de irmão a irmão – e não deixara descendência, a maior vergonha para uma mulher judia na época. A questão era a posse, a quem aquele "objeto" pertenceria na outra vida...

Na sociedade patriarcal, na qual viveu Jesus, a mulher era considerada "propriedade" do homem. Primeiro, do pai; ao se casar, do marido; se ficasse viúva, dos filhos, ou retornava ao pai e irmãos. Era impensável uma mulher com autonomia. Além disso, era tida como "impura" ao ficar menstruada e, portanto, sem acesso aos redutos sagrados do Templo. Ninguém deveria se aproximar dela e ficavam impuros os objetos que ela tocasse.

Jesus mostrou que a lógica humana não coincide com a de Deus. No Reino não haverá matrimônios patriarcais, nem estruturas econômicas e religiosas que favoreçam o patriarcado ou a sujeição da mulher ao homem. Portanto, Jesus denunciou a "teologia" deles como equivocada.

> Então Jesus disse a eles: "Como podem dizer que o Messias é filho de Davi? Pois o próprio Davi diz no livro dos Salmos: 'O Senhor disse ao meu Senhor: Sente-se à minha direita, até que eu ponha seus inimigos como banqueta onde apoiar os pés'. Portanto, Davi o chamou de Senhor. Como pode, então, o Messias ser filho dele?"

Jesus deixou claro que o Messias era superior a Davi, e não seu filho, como reza o Salmo 110.

Esta era a esperança dos escribas e fariseus: o Messias viria resgatar o reino glorioso de Davi, capaz de triunfar sobre todas as nações. Jesus desconstruiu a expectativa deles. Frisou que o Messias estaria acima de Davi e este o trataria por "meu Senhor".

Todos escutavam Jesus quando Ele disse aos discípulos: "Tenham cuidado com os doutores da Lei. Fazem questão de andar com roupas compridas, e gostam de ser cumprimentados nas praças públicas. Preferem os primeiros lugares nas sinagogas e os assentos de honra nos banquetes. No entanto, exploram as viúvas e roubam suas casas e, para disfarçar, fazem longas orações. Por isso, haverão de receber condenação mais severa".

Jesus não temeu criticar as autoridades religiosas de seu tempo. Aqui, a crítica é aos escribas, os teólogos do farisaísmo, que se portavam como pavões em busca da admiração alheia. Como tal atitude é, infelizmente, atual, tanto entre religiosos quanto entre políticos!

Acusou-os ainda de explorar as viúvas, porque, na época, eram os escribas que administravam os bens de uma mulher cujo marido havia falecido. Porque a mulher não era confiável! E eles eram tidos como piedosos, disfarçavam-se com suas "longas orações". Os escribas tinham o direito legal de administrar propriedades e, assim, ganhavam porcentagem sobre os bens administrados. Desviavam dinheiro em benefício próprio, enfim, praticavam a corrupção. "Por isso, haverão de receber condenação mais severa", advertiu Jesus.

Capítulo 21

Ao erguer os olhos, Jesus viu pessoas ricas depositarem ofertas no Tesouro do Templo. Viu também uma viúva pobre que depositou duas pequenas moedas. Então observou: "Garanto a vocês: essa pobre viúva depositou mais do que todos. Os outros depositaram a sobra deles. Mas a viúva, na sua pobreza, depositou tudo o que possuía para viver".

Ao contrário do que muitos pensam, Jesus não pretendeu exaltar a profunda piedade da viúva, disposta a abrir mão até mesmo do que necessitava para viver e, assim, agradar a Deus. Lamentou que aquela mulher estivesse tão condicionada pela ideologia que explorava a piedade dos pobres. Ideologia que a privou dos poucos meios de subsistência que possuía. Como, ainda hoje, há fiéis pobres que chegam a passar necessidade por serem induzidos pela autoridade religiosa a dar à Igreja o pouco que têm.

Essa passagem comprova que o Templo de Jerusalém, um centro religioso, era também uma instituição econômica. Aliás, a mais importante instância econômica do Império Romano. Era ali que se coletavam os tributos que as autoridades judaicas pagavam a Roma.

Como já foi dito, os romanos e o Templo cobravam pesados impostos da população palestina. E as autoridades religiosas convenciam os pobres de que, se não pagassem os tributos, não receberiam a bênção divina. Portanto, ao chamar a atenção para o fato de a viúva doar ao Templo o pouco que possuía para sobreviver, Jesus não pretendeu fazer um elogio ao desprendimento dela, e sim criticar o poder religioso que oprimia a consciência popular, a ponto de a viúva se privar do essencial para transferir seus poucos recursos ao tesouro do Templo. Denunciou aos discípulos como a viúva era vítima de extorsão e, ao doar o pouco que lhe sobrava, a pobre mulher se condenava à penúria e à morte.

Já os ricos, como quase sempre acontece, doavam sobras de suas fortunas. E, à luz da ideologia religiosa da época, eram tidos como abençoados por Deus.

Jesus mostrou que diante de Deus não importa a quantidade de dinheiro doado, e sim a qualidade, a exemplo da viúva que tirou do próprio sustento. As pessoas valem pelo que são, e não pelo que possuem.

Algumas pessoas comentavam sobre a beleza do Templo, enfeitado com pedras bonitas e objetos doados em promessa. Então Jesus comentou: "Vocês admiram essas coisas? Dias virão em que não ficará pedra sobre pedra. Tudo será destruído". Eles perguntaram: "Mestre, quando acontecerá isso? Qual o sinal de que essas coisas estarão para ocorrer?" Jesus respondeu: "Cuidado para que vocês não sejam enganados, porque muitos virão em meu nome, dizendo: 'Sou eu!' E ainda: 'O tempo já chegou'. Não sigam essa gente. Quando ouvirem falar de guerras e revoluções, não fiquem apavorados. Primeiro essas coisas devem acontecer, mas não será logo o fim". E Jesus prosseguiu: "Uma nação lutará contra outra, um reino contra outro reino. Haverá grandes terremotos, fome e pestes em vários lugares. Acontecerão coisas pavorosas e grandes sinais vindos do céu.

Mas antes que essas coisas aconteçam, vocês serão presos e perseguidos, entregues às sinagogas, e lançados na prisão. Serão levados diante de reis e governadores por causa do meu nome. Isso acontecerá para que deem testemunho. Portanto, tirem da cabeça a ideia de que devem planejar com antecedência a própria defesa; porque lhes darei palavras de sabedoria, de tal modo que nenhum dos inimigos poderá resistir ou rebatê-los. Vocês serão entregues até mesmo pelos próprios pais, irmãos, parentes e amigos. E eles matarão alguns de vocês. Serão odiados por todos por causa do meu nome. Mas não se perderá um só fio de seus cabelos. Se permanecerem firmes, haverão de ganhar a vida!"

Ao escrever seu evangelho, Lucas já sabia que o Templo de Jerusalém havia sido destruído pela invasão romana no ano 70. E sua preocupação era animar as comunidades cristãs primitivas naquela época de turbulências, em que os judeus entraram em diáspora, dispersados pelo mundo, e muitos aproveitavam a confusão cultural para se apresentarem como "messias".

Os cristãos, dissidentes do judaísmo, passaram a ser perseguidos por judeus fundamentalistas e invasores romanos. A polarização política e religiosa cindia as próprias famílias. Lucas queria, portanto, fortalecer os cristãos na fé e na resistência.

> Quando virem Jerusalém cercada de acampamentos, fiquem sabendo que a destruição dela está próxima. Então, os que estiverem na Judeia, devem fugir para as montanhas; os que estiverem no meio da cidade, devem se afastar; os que estiverem no campo, não entrem na cidade. Pois esses dias são de vingança, para que se cumpra tudo o que dizem as Escrituras. Infelizes das mulheres grávidas e daquelas que estiverem amamentando naqueles dias, pois haverá grande desgraça nessa terra e uma ira contra esse povo. Serão mortos pela espada e levados presos para todas as nações. Jerusalém será pisada pelos pagãos, até que o tempo dos pagãos se complete.

Lucas se refere aos acampamentos das tropas romanas invasoras da Palestina. Jesus teria recomendado a todos fugirem da Judeia e se esconderem nas montanhas. E isso sem tempo a perder. Na verdade, Lucas exorta os cristãos a não participarem da revolta, uma causa perdida aos olhos dele. Ao mesmo tempo, evita criticar diretamente os palestinos, seu povo, e os romanos, entre os quais vivia. "Uma vez que o campo simbólico judaico foi destruído, o povo precisa abandoná-lo e fugir, pois não mais assegura a bênção (motivo pelo qual estar grávida ou estar amamentando se torna desgraça). Em resumo, esta desolação representa a desorganização dos códigos vigentes, sua revolução e o colapso do campo simbólico e dos códigos que o circunscrevem"[82].

> Haverá sinais no sol, na lua e nas estrelas. E na terra, as nações cairão no desespero, apavoradas com o barulho do mar e das ondas. Os homens desmaiarão de medo e ansiedade, pelo que acontecerá ao Universo, porque os poderes do espaço ficarão abalados. Então eles verão o Filho do Homem vindo sobre uma nuvem com poder e grande glória. Quando essas coisas começarem a acontecer, levantem-se e ergam a cabeça, porque a libertação de vocês está próxima.

Lucas usa aqui uma linguagem apocalíptica. Jesus não fez previsões meteorológicas ou cosmológicas. Ao contrário do que muitos pensam, Ele jamais quis antecipar fenômenos que a astronomia pudesse registrar.

Lucas usou uma linguagem simbólica. Volto a lembrar, é importante o leitor ter presente que o evangelista escreveu sua narrativa quando Jerusalém estava sendo destruída pelos romanos comandados por Tito, sob o reino do imperador Vespasiano. Ele quis se referir àquela catástrofe com símbolos astronômicos, de modo a enfatizar a devastação do Templo e reforçar a esperança dos cristãos – que já sofriam perseguições –, nas promessas de Jesus. Nada de desânimo ou desespero, "levantem-se e ergam a cabeça, porque a libertação de vocês está próxima".

---

82. MYERS, C. *O Evangelho de São Marcos. Op. cit.*, p. 401.

Jesus contou também esta parábola: "Olhem a figueira e as demais árvores. Ao ver que dão brotos, vocês logo sabem que o verão se aproxima. Vocês também, quando virem acontecer essas coisas, saibam que o Reino de Deus está próximo. Garanto a vocês: tudo isso acontecerá antes que passe esta geração. O céu e a terra desaparecerão, mas as minhas palavras não desaparecerão".

A figueira simbolizava Israel. Lucas ensina as comunidades cristãs a analisarem a conjuntura. Naquele primeiro século de nossa era, "acontecer essas coisas", ou seja, a destruição de Jerusalém, abria o horizonte de esperança à implantação do projeto do Reino de Deus, conforme previsto pelas palavras de Jesus.

Tomem cuidado para que os corações de vocês não fiquem insensíveis por causa da gula, da embriaguez e das preocupações da vida, e esse dia não caia de repente sobre vocês. Pois esse dia cairá, como armadilha, sobre todos que habitam a face da terra. Fiquem atentos e orem todo o tempo, a fim de terem força para escapar de tudo o que deve acontecer, e para ficarem de pé diante do Filho do Homem.

Lucas exorta os primeiros cristãos a serem moderados nos hábitos, de modo a evitarem a gula, hoje considerada um dos sete pecados capitais[83]; a embriaguez[84]; e a preocupação excessiva com fatores que nos afastam da vida espiritual.

De dia, Jesus ensinava no Templo; ao anoitecer, Ele saía e passava a noite no Monte das Oliveiras. De manhã cedo, muitos iam ao Templo para ouvi-lo.

No Monte das Oliveiras havia grutas nas quais Jesus costumava se abrigar ou se refugiar para orar.

---

83. Os outros seis pecados capitais são: a soberba, a avareza, a inveja, a ira, a luxúria e a preguiça.

84. "Quer comais, quer bebais, quer façais qualquer outra coisa, fazei tudo para a glória de Deus" (Paulo, *Primeira Carta aos Coríntios* 10,31).

Capítulo 22

Aproximava-se a festa dos Ázimos, na época da Páscoa. Os chefes dos sacerdotes e os doutores da Lei procuravam eliminar Jesus, mas tinham medo do povo. Satanás entrou em Judas, chamado Iscariotes, um dos Doze. Ele foi tratar com os chefes dos sacerdotes e oficiais da guarda do Templo sobre a maneira de entregar Jesus. Exultantes, prometeram dar-lhe dinheiro. Judas concordou e começou a procurar uma boa oportunidade para entregar Jesus sem que o povo soubesse.

De fato, Ázimos e Páscoa eram festas distintas, no entanto comemoradas na mesma época. A festa dos Ázimos, dos pães sem fermento, está associada à Páscoa judaica. Comemora a pressa dos hebreus ao saírem do Egito, onde eram escravizados.

Chegou o Dia dos Ázimos, em que se sacrificavam cordeiros para a Páscoa. Jesus pediu a Pedro e João: "Vão e preparem tudo para celebrarmos a Páscoa". Eles perguntaram: "Onde quer que a preparemos?" Jesus indicou: "Quando entrarem na cidade, um homem carregando um jarro de água virá ao encontro de vocês. Sigam-no e quando Ele entrar numa casa, digam ao dono: 'O Mestre manda perguntar: Onde fica a sala em que eu e os meus discípulos vamos celebrar a Páscoa?' Então ele mostrará a vocês, no andar de cima, uma sala grande, arrumada com almofadas. Preparem tudo ali". Os discípulos foram, e encontraram tudo como Jesus havia dito. E prepararam a Páscoa[85].

---

85. "Jesus pensa em tudo para preparar bem a celebração desta última Páscoa com seus amigos. Combina as coisas com pessoas conhecidas da cidade. Ele mantém até um certo segredo, pois o momento é perigoso. Jesus está sendo procurado para ser preso e morto" (MESTERS, C.; LOPES, M. *O avesso é o lado certo. Op. cit.*, p. 131).

A ceia pascal só podia ser celebrada em Jerusalém (*Deuteronômio* 16,3-7; *2Crônicas* 35,5). Por isso, muitos peregrinos afluíam à cidade, cujos moradores alugavam cômodos. Jesus já tinha preparado de antemão sua última refeição com os apóstolos.

Ao chegar a hora, Jesus se pôs à mesa com os apóstolos, e disse: "Desejei muito comer com vocês esta ceia pascal, antes de sofrer. Afirmo a vocês: nunca mais a comerei, até que ela se realize no Reino de Deus".

Então Jesus pegou o cálice, agradeceu a Deus e disse: "Tomem isto e repartam entre vocês; pois nunca mais beberei do fruto da videira, até que venha o Reino de Deus".

A seguir, Jesus tomou um pão, agradeceu a Deus, o partiu e distribuiu a eles, dizendo: "Isto é o meu corpo, tomem e comam. Façam isto em minha memória".

Para a ceia, um cordeiro sem defeito era assado temperado com ervas amargas e molhos e acompanhado de pães sem fermento e vinhos. Após ser adquirido, o cordeiro era levado ao Templo para ser examinado e, em seguida, imolado. Devolvido ao dono, era assado em casa (*Êxodo* 12,3-5).

O fruto da videira é a uva, com a qual se fabrica o vinho. Ali na celebração da Páscoa judaica Jesus instituiu a eucaristia – a partilha do pão e do vinho como sinais da presença dele entre nós. O pão simboliza os bens necessários à vida digna; o vinho, bebida de festa. Jesus veio saciar a nossa fome de pão e beleza.

Ao associar seu corpo e seu sangue ao pão e ao vinho, Jesus ressignificou que onde há partilha aí está sua presença. E ao concluir "façam isto em minha memória" quis dizer muito mais do que simplesmente celebrar a eucaristia. Significa que todo militante do Reino deve estar disposto a dar seu corpo e seu sangue para que outros tenham vida.

Após a ceia, Jesus fez o mesmo com o cálice, dizendo: "Este cálice é a nova aliança do meu sangue, que é derramado por vocês. Mas saibam: a mão do homem que me trai se serve comigo nesta mesa. Sim, o Filho do Homem vai morrer, conforme Deus determinou, mas ai daquele que o trai!" Os apóstolos começaram a perguntar uns aos outros qual deles faria tal coisa.

Este "conforme Deus determinou" nada tem de fatalismo ou predestinação. "Trata-se da certeza de que a experiência humana de séculos nos comunica: num mundo organizado a partir do egoísmo, quem decide viver o amor vai morrer crucificado"[86].

Entre eles houve também uma discussão sobre qual deles deveria ser considerado o maior. Jesus, porém, observou: "Os reis das nações têm poder sobre elas, e os que exercem autoridade são chamados benfeitores. Mas entre vocês não deverá ser assim. Pelo contrário, o maior seja como o mais novo; e quem governa, como aquele que serve. Afinal, quem é o maior: o que está sentado à mesa, ou aquele que serve? Não é aquele que está sentado à mesa? Eu, porém, estou entre vocês como quem serve. Vocês ficaram comigo em minhas provações. Por isso, assim como o meu Pai confiou o Reino a mim, eu também confio o Reino a vocês. E vocês haverão de comer e beber à minha mesa no meu Reino, e sentar-se em tronos para julgar as doze tribos de Israel".

Ainda hoje isso acontece em partidos políticos e outras instituições: frente à iminência de desaparecimento do líder, surge a discussão para saber quem haverá de sucedê-lo. E em plena despedida de Jesus, pois pressentia seu assassinato, os apóstolos debateram quem seria o novo líder, o que comprova que eram todos feitos da mesma matéria-prima que nós: barro e sopro.

---

86. MESTERS, C.; LOPES, M. *O avesso é o lado certo*. Op. cit., p. 132.

Jesus, mais uma vez, criticou as estruturas de poder de sua época. E propôs aos militantes do Reino a inversão de postura: poder é serviço, e quem o ocupa deve servir, e não o exercer com arrogância e presunção.

"Simão, Simão! Olhe que Satanás pediu permissão para peneirar vocês como trigo. Eu, porém, orei por você, para que a sua fé não desfaleça. E você, quando tiver voltado para mim, fortaleça seus irmãos." Simão reagiu: "Senhor, contigo estou pronto para ir até mesmo para a prisão e morte!" Jesus, porém, observou: "Pedro, hoje, antes que o galo cante três vezes, você negará que me conhece".

Jesus não escondeu que, na sua ausência, o líder de seu movimento seria Pedro, a quem tratava pelo nome original, Simão. Conhecia a fragilidade dele e o advertiu. Pedro, entretanto, se manifestou pretensioso, como tantos de nós que, frente à possibilidade de sofrer pela causa defendida, se arvoram em heróis... Jesus, pedagogo, e por conhecer muito bem o apóstolo, preveniu-o de que haveria de vacilar.

Numa demonstração de amizade e confiança, Jesus disse a Pedro que havia orado por ele. É interessante que Jesus não disse "intervi por você junto a Deus", reforçando essa imagem mítica que acredita que o Nazareno não tinha fé como nós temos. Sim, Ele tinha como nós temos, com suas dúvidas e inseguranças. E rogou a Pedro que, como líder do grupo, fortalecesse seus companheiros.

Lucas estava interessado em encorajar os primeiros cristãos frente à perseguição que sofriam dos judeus sectários e dos ocupantes romanos da Palestina.

Jesus perguntou aos apóstolos: "Quando enviei vocês sem bolsa, sacola e sandálias, faltou alguma coisa?" Eles responderam: "Nada". Jesus prosseguiu: "Agora, porém, quem tiver bolsa, deve pegá-la, como também uma sacola; e quem não tiver espada, venda o manto para comprar uma. Pois saibam que é preciso que se cumpra em mim a palavra da Escritura: 'Ele foi incluído entre os bandidos'. E o que foi dito a meu respeito, vai se realizar". Eles disseram: "Senhor, temos aqui duas espadas". Jesus respondeu: "É o bastante!"

Diante do cerco do poder repressor, Jesus instruiu os apóstolos a serem mais precavidos. Daí a recomendação de cuidarem de ter um mínimo de segurança. Inclusive chegou a sugerir que se armassem, o que comprova que Ele não era um pacifista radical.

Jesus saiu e, como de costume, foi para o Monte das Oliveiras. Os discípulos o acompanharam. Ao chegar ali, Jesus disse a eles: "Orem para não caírem na tentação". Então, afastou-se uns trinta metros e, de joelhos, começou a orar: "Pai, se queres, afasta de mim este cálice. Contudo, não se faça a minha vontade, mas a tua!"

Apareceu-lhe um anjo do céu, que o confortava. Tomado de angústia, Jesus orava com mais insistência. Seu suor se tornou como gotas de sangue, que caíam no chão. Ao se levantar da oração, Jesus foi para junto dos discípulos e os encontrou dormindo, vencidos pela tristeza. E perguntou-lhes: "Por que dormem? Levantem-se e orem, para não caírem na tentação".

A oração é um antídoto à tentação. Jesus a recomendou diante de uma situação extrema, quando sua vida estava ameaçada. Sentiu-se tentado a fraquejar, talvez submeter-se à religião do Templo ou fugir de Jerusalém. Porém, decidiu manter até o fim a sua coerência.

O anjo que o confortou era o próprio Deus, que a Ele se manifestou no batismo, na transfiguração e, agora, na agonia.

Enquanto Jesus ainda falava, chegaram várias pessoas. Na frente vinha Judas, um dos Doze. Ele se aproximou de Jesus e o saudou com um beijo. Jesus disse: "Judas, com um beijo você trai o Filho do Homem?" Ao ver o que iria acontecer, os que acompanhavam Jesus disseram: "Senhor, devemos atacar com a espada?" E um deles feriu o servo do sumo sacerdote ao decepar-lhe a orelha direita. Mas Jesus ordenou: "Parem com isso!" E tocou a orelha do homem e o curou.

Judas traiu o amigo com o sinal da intimidade entre amigos – o beijo. Em geral, os traidores afagam aqueles a quem traem.

Os discípulos quiseram revidar com armas a prisão de Jesus. Porém, a correlação de forças era muito desigual. Para poupar seus companheiros, Jesus preferiu não oferecer resistência.

Em seguida, Jesus disse aos chefes dos sacerdotes, aos oficiais da guarda do Templo e aos anciãos que foram prendê-lo: "Vocês vieram com espadas e paus, como se eu fosse um bandido? Todos os dias estive com vocês no Templo e nunca puseram as mãos em mim. Mas esta é a hora de vocês e do poder das trevas".

Sim, Jesus poderia ter sido preso no Templo. Mas as autoridades religiosas – "o poder das trevas" – temiam a sua popularidade. Preferiram agir na calada da noite.

Prenderam Jesus e o levaram. Conduziram-no à casa do sumo sacerdote. Pedro seguia-os de longe. Na casa, acenderam uma fogueira no meio do pátio e se sentaram ao redor. Pedro se acomodou no meio deles. Uma criada viu Pedro sentado perto do fogo. Encarou-o bem e denunciou-o: "Este aqui também estava com Jesus!" Mas Pedro negou: "Mulher, eu nem o conheço". Pouco depois, outra pessoa viu Pedro e o apontou: "Você também é um deles". Mas Pedro respondeu: "Homem, não sou não".

> Passada mais ou menos uma hora, outra pessoa insistiu: "De fato, este aqui também estava com Jesus, porque é galileu". Mas Pedro respondeu: "Homem, não sei do que você fala!" Naquele momento, enquanto Pedro ainda falava, um galo cantou. Então o Senhor se voltou e olhou para Pedro. E Pedro se lembrou de que o Senhor lhe havia dito: "Hoje, antes que o galo cante, você me negará três vezes". Pedro, então, saiu para fora e chorou amargamente.

A "fogueira no meio do pátio" se explica pelo fato de a Páscoa, em Jerusalém, ser celebrada no fim do inverno. Era para aquecer as pessoas que ali se encontravam.

Pedro jurou fidelidade a Jesus. Isso é fácil enquanto não nos defrontamos com uma situação de perigo. Realista, Jesus previu que Pedro e os discípulos fariam de conta que nada tinham a ver com Ele. E, na sua compaixão, não os condenou por isso. Ninguém conhece os limites da resistência humana diante do inimigo.

Ele havia jurado jamais abandonar Jesus! Não é fácil manter a coerência na hora da perseguição. É nas atribulações e nos sofrimentos que a nossa fé e nossas convicções são provadas.

Pedro, líder da comunidade apostólica, fraquejou. O que comprova que Jesus se fez cercar por pessoas falíveis, e não heróis e santos como certa catequese procura nos convencer. Mas logo Pedro se arrependeu, de modo que os dez apóstolos não questionaram sua liderança.

> Os guardas zombavam de Jesus e o espancavam. Cobriam-lhe o rosto e diziam: "Faz uma profecia! Quem foi que te bateu?" E o insultavam de muitos outros modos.

A tortura visa a quebrar a autoestima do torturado. Santo Tomás de Aquino afirma que torturar é pior do que assassinar, pois o torturador convoca sua vítima a se deparar com seu opróbrio.

Ao amanhecer, os anciãos do povo, os chefes dos sacerdotes e os doutores da Lei se reuniram em conselho e conduziram Jesus ao Sinédrio. E disseram: "Se você é o Messias, diga-nos!" Jesus respondeu: "Se eu disser, vocês não acreditarão; e se eu lhes fizer perguntas, não me responderão. Mas de agora em diante, o Filho do Homem estará sentado à direita do Deus Todo-poderoso".
Então todos perguntaram: "Você é, portanto, o Filho de Deus?" Jesus respondeu: "Vocês é que dizem que sou". Eles concluíram: "Que necessidade temos ainda de testemunho? Nós mesmos ouvimos de sua própria boca!"

O Sinédrio era a instância máxima do poder judaico, do qual decorriam as sentenças de justiça. As autoridades queriam ouvir da boca de Jesus que Ele era o Messias, para acusá-lo de blasfêmia. Ainda assim, Ele deu a entender que era o Filho de Deus.

Capítulo 23

Em seguida, toda a assembleia se levantou, e levaram Jesus a Pilatos. Passaram a acusá-lo: "Achamos este homem praticando subversão entre o nosso povo: proibia pagar tributo ao imperador e afirmava ser Ele mesmo o Messias, o Rei".
Pilatos interrogou Jesus: "Tu és o rei dos judeus?" Jesus retrucou: "É você quem diz isso!" Então Pilatos disse aos chefes dos sacerdotes e ao público: "Não encontro nesse homem nenhum motivo de condenação". Eles, porém, insistiam: "Ele provoca revolta entre o povo com seu ensinamento. Começou na Galileia, passou por toda a Judeia e agora chegou aqui".
Ao ouvir isso, Pilatos perguntou se Jesus era galileu. Frente à confirmação de que o Nazareno estava sob a jurisdição de Herodes, Pilatos o mandou ao governador da Galileia. Também Herodes se encontrava em Jerusalém naqueles dias de festa e ficou muito contente ao ver Jesus, pois ouvia falar dele, e há tempos desejava conhecê-lo. Esperava vê-lo fazer algum milagre. Herodes o interrogou com muitas perguntas. Jesus, porém, nada respondeu.

Lucas é o único evangelista que registra essa cumplicidade entre Pilatos e Herodes. A fama de Jesus como taumaturgo já havia chegado aos ouvidos do governador da Galileia e, por isso, esperava que o réu operasse diante dele um milagre. Jesus sequer se deu ao trabalho de responder ao interrogatório que Herodes o submeteu.

Entretanto, os chefes dos sacerdotes e os doutores da Lei, ali presentes, faziam pesadas acusações contra Jesus. Herodes e seus soldados trataram Jesus com desprezo, caçoaram dele e o vestiram com uma roupa brilhante. E o mandaram de volta a Pilatos. Nesse dia, Herodes e Pilatos ficaram amigos, pois antes eram inimigos.

A guarda de Herodes adotou com Jesus o mesmo método dos atuais torturadores – tentar desmoralizar o acusado. A primeira reação de um torturador diante do preso é procurar reduzir-lhe a autoestima, abater-lhe o moral. Daí as piadinhas, as injúrias, a "roupa brilhante" que enfiaram em Jesus para zombar do "rei dos judeus".

Lucas, sempre atento ao contexto político, registra que Pilatos e Herodes, que, até então, eram inimigos, ficaram amigos. Havia razões para explicar a inimizade: Arquelau, irmão de Herodes, havia sido destituído do governo da Judeia pelos romanos e o poder foi repassado a Pilatos. Conforme Lucas registra (13,1), o governador da Judeia mandara massacrar um grupo de galileus que fazia protestos no Templo de Jerusalém, misturando o sangue deles com os dos animais sacrificados no culto.

> Pilatos convocou os chefes dos sacerdotes, os líderes e o povo, e disse: "Vocês trouxeram este homem como se fosse um agitador do povo. Pois bem! Já o interroguei diante de vocês e não encontrei nele nenhum dos crimes de que o acusam. Herodes também não encontrou, pois mandou Jesus de volta para nós. Como podem ver, Ele não fez nada para merecer a morte. Portanto, vou castigá-lo e depois o soltarei".
> Ora, em cada festa de Páscoa Pilatos indultava um prisioneiro. O público começou a gritar: "Mate esse homem! Solte-nos Barrabás!" Barrabás tinha sido preso por causa de uma revolta na cidade, quando cometeu um homicídio. Pilatos queria libertar Jesus, e disse isso outra vez ao público. Mas eles gri-

tavam: "Crucifique! Crucifique!" E Pilatos objetou pela terceira vez: "Mas que mal fez esse homem? Não encontrei nele nenhum crime que mereça a morte. Portanto, vou castigá-lo e depois soltá-lo". Mas eles continuaram a gritar com toda a força, pediam que Jesus fosse crucificado. E a gritaria deles aumentava cada vez mais.

Então Pilatos pronunciou a sentença: fosse feito o que pediam. E soltou o homem que eles queriam, aquele que tinha sido preso por revolta e homicídio, e entregou Jesus a seus algozes.

Pilatos considerou a acusação do Sinédrio a Jesus uma simples desavença entre judeus. Não via razão para aplicar a pena de morte romana, a crucificação. E alegou que Herodes Antipas tinha a mesma opinião. Bastaria açoitar Jesus e, em seguida, libertá-lo.

As autoridades judaicas, entretanto, haviam mobilizado sua turba, que bradou em favor do assassinato de Jesus e da libertação de Barrabás, também prisioneiro político, pois participara de uma revolta. Pressionado, o interventor romano acabou por atender aos clamores dos partidários do Sinédrio.

Enquanto levavam Jesus para ser crucificado, obrigaram certo Simão, da cidade de Cirene, que voltava do campo, a carregar a cruz atrás do prisioneiro. Uma grande multidão o seguia. Mulheres batiam no peito e choravam. Jesus, porém, virou-se e disse a elas: "Mulheres de Jerusalém, não chorem por mim! Chorem por vocês mesmas e por seus filhos! Porque dias virão em que se dirá: 'Felizes das mulheres que nunca tiveram filhos, dos ventres que nunca deram à luz e dos seios que nunca amamentaram'. Então começarão a pedir às montanhas: 'Caiam em cima de nós!' E às colinas: 'Escondam-nos!' Porque, se assim tratam a árvore verde, o que não farão com a árvore seca?"

Levavam também outros dois criminosos, junto com Ele, para serem crucificados.

Os condenados carregavam apenas a haste horizontal da cruz, já que a vertical era previamente fincada no local da execução. Ao clamar "não chorem por mim", Jesus pressentiu que as mulheres de Jerusalém, dignas de pena, haveriam de sofrer muito mais do que Ele pelo que haveria de suceder – a invasão romana.

Ao chegarem ao chamado "lugar da Caveira", ali crucificaram Jesus e os criminosos, um à sua direita e, outro, à esquerda. Jesus clamou: "Pai, perdoa-lhes! Eles não sabem o que fazem!" Em seguida, por sorteio repartiram a roupa de Jesus.

O povo a tudo assistia. Os chefes, porém, zombavam de Jesus, dizendo: "A outros Ele salvou. Que salve a si mesmo, se é de fato o Messias de Deus, o Escolhido!" Os soldados também caçoavam dele. Aproximavam-se, ofereciam-lhe vinagre e diziam: "Se você é o rei dos judeus, salva a si mesmo!" Acima dele havia um letreiro: "Este é o Rei dos judeus".

Jesus perdoou seus algozes, sobretudo por saber que eram submissos ao do poder romano e do Sinédrio judaico.

Embora tivesse o dom de operar milagres, não quis agir em causa própria. Irmanou-se a todos aqueles que, na história, são vítimas da tirania política.

Um dos criminosos crucificados o insultava: "Você não é o Messias? Salva a si mesmo e a nós também!" Mas o outro o repreendeu: "Nem você teme a Deus, sofrendo a mesma condenação? Para nós é justo, porque recebemos o que merecemos; mas Ele não fez nada de mal". E acrescentou: "Jesus, lembre-se de mim quando chegar ao seu Reino". Jesus respondeu: "Eu lhe garanto: hoje mesmo você estará comigo no Paraíso".

Jesus foi crucificado como um bandido. Seus companheiros de infortúnio tinham opiniões diferentes em relação a Ele. Um fez eco às caçoadas dos soldados romanos. Outro reconheceu que Ele era inocente.

> Por volta de meio-dia, uma escuridão cobriu toda a região até as três horas da tarde, porque o sol parou de brilhar. A cortina do santuário rasgou-se ao meio. Então, Jesus deu um forte grito: "Pai, em tuas mãos entrego o meu espírito"[87]. Após dizer isso, expirou.
> O centurião romano viu o que tinha acontecido e glorificou a Deus: "De fato! Esse homem era justo!" E todas as pessoas que ali estavam para presenciar o que havia acontecido voltaram para casa batendo no peito. Todos os conhecidos de Jesus, assim como as mulheres que o acompanhavam desde a Galileia, ficaram à distância, observando o que ocorria.

Lucas imprime retoques apocalípticos à morte de Jesus. A cortina do santuário rasgada simboliza a ruptura da proposta de Jesus frente à proposta do Templo de Jerusalém. A última manifestação do condenado soou como oração do salmo.

O evangelista, que escreve a comunidades mescladas de cristãos oriundos do judaísmo e do paganismo, evoca a profissão de fé de um oficial romano para realçar a universalidade da proposta de Jesus.

> Havia um homem bom e justo, chamado José. Era membro do Sinédrio, mas não tinha aprovado a decisão, nem a ação dos outros membros. Ele procedia de Arimateia, cidade da Judeia, e esperava a vinda do Reino de Deus.
> José pediu a Pilatos o corpo de Jesus. Desceu o corpo da cruz, o enfaixou com um lençol, e o colocou em um túmulo escavado na rocha, onde ninguém ainda tinha sido sepultado. Era o dia da preparação da Páscoa, e o sábado se iniciava.
> As mulheres, que tinham acompanhado Jesus desde a Galileia, foram com José ver o túmulo e como o corpo de Jesus tinha sido colocado. Depois voltaram para casa e prepararam perfumes e bálsamos. No sábado, elas descansaram, conforme ordenava a Lei.

---

87. *Salmos* 31,6.

Por que um "membro do Sinédrio" se interessou em dar sepultura ao corpo de Jesus? O costume romano era deixar o crucificado exposto para causar horror à população, até que o cadáver fosse devorado pelas aves de rapina.

Lucas ressalta que José não aprovou a condenação de Jesus. E como era uma autoridade, tinha acesso ao governador romano, o que lhe permitiu requisitar o corpo de Jesus. E pode ser que, como judeu devoto, quis apenas cumprir mais um preceito do Código da Pureza, o de não deixar insepulto o cadáver de um judeu, ainda que rebelde, depois do pôr do sol (*Deuteronômio* 21,23), principalmente em uma sexta-feira, véspera do sábado sagrado.

Lucas não descreve os rituais judaicos de sepultamento. Limita-se a informar que o corpo de Jesus foi enrolado em um lençol e depositado no túmulo. O que dá a entender que Arimateia queria mesmo era dar sumiço no corpo de Jesus o mais depressa possível, antes que um dos discípulos viesse buscá-lo. E como autoridade religiosa, membro do Sinédrio, naquela sexta-feira à tarde correu para evitar que a exposição do corpo de Jesus profanasse o sábado. Essa hipótese é reforçada pela presença das mulheres empenhadas em cuidar do corpo de Jesus, conforme os rituais judaicos.

Capítulo 24

No primeiro dia da semana, bem de madrugada, as mulheres foram ao túmulo de Jesus. Levavam os perfumes que haviam preparado. Viram que a pedra do túmulo havia sido removida. Mas, ao entrar, não encontraram o corpo do Senhor Jesus, e ficaram sem saber o que ocorrera. Nisso, dois homens, com roupas brilhantes, pararam perto delas. Cheias de medo, elas olhavam para o chão. No entanto, os dois disseram: "Por que procuram entre os mortos aquele que está vivo? Ele não está aqui! Ressuscitou! Lembrem-se do que Ele falou quando ainda estava na Galileia: 'O Filho do Homem deve ser entregue nas mãos dos pecadores, ser crucificado e ressuscitar no terceiro dia'".

Então, as mulheres se lembraram das palavras de Jesus. Voltaram do túmulo e anunciaram isso aos Onze e a todos os outros. Eram Maria Madalena, Joana e Maria, mãe de Tiago. Também as outras mulheres que estavam com elas contaram o mesmo aos apóstolos. Contudo, eles acharam que eram tolices e não acreditaram nelas.

Pedro, porém, levantou-se e correu para o túmulo. Inclinou-se e viu apenas os lençóis de linho. Então voltou para casa, admirado com o que havia acontecido.

De novo, aparecem as mulheres dispostas a cuidar do corpo de Jesus. Tratam de prepará-lo com ervas aromáticas, como era costume, porém negado a um homem condenado por subversão e blasfêmia.

Há que salientar a ótica feminista de Lucas: ao contrário dos discípulos, elas não abandonaram Jesus. Quem eram aquelas mulheres? São mencionadas pelo nome e uma delas, "Maria, mãe de Tiago", pode ser identificada como Maria, mãe de Jesus. Segundo Myers, "o perfil das personagens femininas no Evangelho indica que as mulheres eram consideradas pessoas fora de seus papéis tradicionais de auxiliares subalternas"[88]. Vistas como seres inferiores, "últimas", agora passaram a ocupar o primeiro lugar. E a elas seria confiada a notícia da ressurreição. Lucas destaca o machismo dos apóstolos, que não deram crédito ao que elas contaram. Por isso, Pedro correu para confirmar pessoalmente.

> Nesse mesmo dia, dois discípulos[89] se dirigiam para um povoado chamado Emaús, distante onze quilômetros de Jerusalém. Conversavam a respeito de tudo o que tinha acontecido. Enquanto conversavam e discutiam, o próprio Jesus se aproximou e começou a caminhar com eles. Os discípulos, porém, não o reconheceram.

Então, Jesus perguntou: "O que andam conversando pelo caminho?" Eles pararam, com o rosto triste. Um deles, chamado Cléofas, disse: "Tu és o único peregrino em Jerusalém que não sabe o que aí ocorreu nesses últimos dias?" Jesus perguntou: "O que foi?" Os discípulos responderam: "O que aconteceu a Jesus, o Nazareno, que foi um profeta poderoso em ação e palavras, diante de Deus e de todo o povo. Nossos chefes dos sacerdotes e nossos governantes o entregaram para ser condenado à morte, e o crucificaram. Esperávamos que fosse Ele o libertador de Israel, mas, apesar de tudo isso, já faz três dias que tudo isso aconteceu! É verdade que algumas mulheres do nosso grupo nos

---

88. *O Evangelho de São Marcos*. Op. cit., p. 512.
89. Muitos exegetas sugerem que se tratava de um casal.

deram um susto. Foram de madrugada ao túmulo e não encontraram o corpo de Jesus. Então voltaram, dizendo que tinham visto anjos, e estes afirmaram que Jesus está vivo. Alguns dos nossos foram ao túmulo e encontraram tudo como as mulheres tinham dito. Mas ninguém viu Jesus".

O assassinato de Jesus, em plena festa da Páscoa, foi sem dúvida um acontecimento que deve ter impactado muitos peregrinos que se encontravam em Jerusalém. E quando ocorre um fato que provoca comoção, os comentários se prolongam por vários dias.

Jesus se juntou ao casal que rumava para Emaús, situada a pouco mais de 10km de Jerusalém, e indagou de que falavam. Como pedagogo, perguntou antes de falar. Cléofas estranhou que Ele não estivesse a par dos fatos. Jesus aproveitou para fazer uma pesquisa de opinião. Partiu da realidade: o que aconteceu?

Na Ação Católica utilizávamos, em nossas reuniões, o método "ver, julgar e agir", mais tarde incorporado ao método Paulo Freire. Primeiro, levantar os dados da conjuntura. Dar a palavra ao educando antes de o educador se manifestar.

Cléofas se mostrou imbuído da versão dos opressores – "Nossos chefes dos sacerdotes e nossos governantes"... Fez um longo relato do que havia ocorrido e, ao final, se referiu à hipótese de Jesus ter ressuscitado. Não pareciam muito convencidos disso. Afinal, naquela cultura patriarcal a palavra feminina tinha pouca credibilidade. E ninguém havia visto Jesus novamente vivo.

> Jesus disse a eles: "Como vocês custam para entender e demoram para acreditar em tudo o que os profetas falaram! Será que o Messias não devia sofrer tudo aquilo para entrar na sua glória?" Começando por Moisés e continuando por todos os profetas, Jesus explicava para os discípulos todas as passagens da Escritura que falavam a respeito dele.

Jesus fez algo fundamental no processo pedagógico de conscientização: resgatou a linha da historicidade. Para se entender a conjuntura presente e se livrar da visão cíclica dos fatos, é preciso resgatar o passado, de modo a projetar melhor o futuro. A afirmação "Será que o Messias não devia sofrer tudo aquilo para entrar na sua glória?", colocada por Lucas na boca de Jesus, reflete uma teologia dolorosa ou dolorista, como se Deus se regozijasse com o sofrimento do Filho. Essa teologia baseava-se na figura do "Servo Sofredor", descrita pelo profeta Isaías (53,3-12).

O importante é ressaltar a pedagogia de Jesus. Ele usou o fato da Bíblia para iluminar o fato da vida.

> Ao chegarem perto do povoado ao qual se dirigiam, Jesus fez de conta que iria mais adiante. Eles, porém, insistiram: "Fica conosco, pois já é tarde e a noite se aproxima". Jesus entrou na casa para ficar com eles. Sentou-se à mesa com os dois, tomou o pão e abençoou, depois o partiu e deu a eles. Nisso os olhos dos discípulos se abriram, e eles reconheceram Jesus. Jesus, porém, desapareceu da frente deles.

A comensalidade de Jesus se estendeu até mesmo após a sua ressurreição. Refeição é sinônimo de comunhão.

Sei bem como é quase indigesto comer sozinho! O ser humano é o único animal que faz da refeição uma liturgia: prepara os ingredientes, arruma a mesa, coloca a comida em travessas. Comer é um ato eucarístico: a verdura é uma hortaliça que morreu para nos dar vida; o arroz e o feijão, cereais que morreram para nos dar vida; a carne ou o peixe, animal que morreu para nos dar vida. E na comensalidade cada comensal imprime mais vida a seus convivas. É com bebida e comida que o ser humano comemora a vida, pois o que se serve no aniversário, na festa de casamento, na vitória do time, na formatura do filho, é sempre uma comida e uma bebida mais elaboradas do que as do dia a dia. Deveríamos também ser capazes de reconhecer a presença de Jesus todas as vezes que, na mais simples refeição, repartimos o pão.

> Então, um disse ao outro: "Não ardia o nosso coração quando Ele nos falava pelo caminho e explicava as Escrituras?" Na mesma hora, se levantaram e retornaram a Jerusalém, onde encontraram os Onze reunidos com outros discípulos. E confirmaram: "Realmente, o Senhor ressuscitou e apareceu a Simão!" Os dois contaram o que havia ocorrido no caminho e como tinham reconhecido Jesus quando Ele partiu o pão.

Onde se reparte o pão, se partilha Deus! Foi o relato histórico feito por Jesus que abriu a cabeça e os olhos dos discípulos de Emaús. Quando o capitalismo apregoa que "a história acabou!", quer nos incutir a ideia de que não vale a pena ter esperanças e utopias, que esse sistema de apropriação privada da riqueza veio para ficar para sempre... Imprimir consciência histórica no povo é exigência intrínseca aos processos de libertação.

> Ainda conversavam, quando Jesus apareceu no meio deles e disse: "A paz esteja com vocês". Espantados e cheios de medo, pensaram ver um espírito. Jesus indagou: "Por que estão perturbados e com o coração cheio de dúvidas? Vejam minhas mãos e meus pés: sou eu mesmo. Toquem-me e constatem: um espírito não tem carne e ossos, como podem ver que tenho". Jesus, então, mostrou as mãos e os pés. E como eles ainda não acreditassem, por causa da euforia e do espanto, Jesus perguntou: "Há aqui alguma coisa para comer?" Eles ofereceram a Jesus um pedaço de peixe grelhado. Jesus pegou o peixe e o comeu diante deles.

O texto contém duas informações no mínimo intrigantes para os críticos literários desprovidos de fé cristã. Presume-se que um autor que crie uma ficção para convencer o leitor que se trata de realidade não descreveria um homem ressuscitado que trouxesse no corpo marcas da crucificação. Muito menos que tivesse fome e necessitasse se alimentar. Esse aparente paradoxo favorece a hipótese de que se tratou, portanto, de um fato objetivo – Jesus ressuscitou e apareceu aos discípulos.

> Jesus disse: "São estas as palavras que lhes falei quando ainda estava com vocês: é preciso que se cumpra tudo o que está escrito a meu respeito na Lei de Moisés, nos Profetas e nos Salmos". Então Jesus abriu a mente deles para entenderem as Escrituras. E continuou: "Assim está escrito: 'O Messias sofrerá e ressuscitará dos mortos no terceiro dia, e no seu nome serão anunciados a conversão e o perdão dos pecados a todas as nações, começando por Jerusalém'. E vocês são testemunhas disso".

Lucas reitera que Jesus não veio negar o Primeiro Testamento, mas realizá-lo em plenitude. Quer, assim, abrir a mente dos judeus convertidos ao Movimento de Jesus.

> Agora eu lhes enviarei aquele que meu Pai prometeu. Por isso, esperem na cidade, até que sejam revestidos do poder do alto.
> Então Jesus levou os discípulos até Betânia, fora de Jerusalém. Ali ergueu as mãos e os abençoou. Enquanto os abençoava, afastou-se deles, e foi levado para o céu. Eles o adoraram, e depois voltaram para Jerusalém, com grande alegria. E estavam sempre no Templo, bendizendo a Deus.

Jesus anuncia o envio do Espírito Santo para legitimar a ação de seus discípulos. E, em seguida, Lucas descreve a ascensão do Nazareno.

Bibliografia

BARROS, M. *Boa Notícia para todo mundo* – Conversa com o Evangelho de Lucas. Recife: Fasa, 2013.

GEORGE, A. *Leitura do Evangelho segundo Lucas*. 2. ed. São Paulo: Paulinas, 1984.

HOORNAERT, E. *Jesus do mito e Jesus da história* – À procura de um equilíbrio perdido. Texto divulgado por e-mail em outubro de 2023.

HOORNAERT, E. *Em busca de Jesus de Nazaré*. São Paulo: Paulus, 2016.

MATEOS, J.; CAMACHO, F. *O Evangelho de Mateus* – Leitura comentada. São Paulo: Paulinas, 1993.

MESTERS, C.; LOPES, M. *O avesso é o lado certo*. Círculos Bíblicos sobre o Evangelho de Lucas. São Leopoldo: Cebi; São Paulo: Pia Sociedade Filhas de São Paulo, 1998.

MITCH, C.; HAHN, S. *O Evangelho de São Lucas*. Cadernos de estudo bíblico, Campinas: Cedet, 2015.

MOREIRA, G.L. O. Carm. *Lucas e Atos*: Uma teologia da história – Teologia lucana. São Paulo: Paulinas, 2004.

MOSCONI, L. *Leitura segundo Lucas* – Pistas para uma leitura contemplativa, espiritual e militante. Belo Horizonte: Cebi, 1991 [Cebi 43/44].

MOXNES, H. *A economia do Reino* – Conflito social e relações econômicas no Evangelho de Lucas. São Paulo: Paulus, 1995.

MYERS, C. *O Evangelho de São Marcos*. São Paulo: Paulinas, 1992.

ODORÍSSIO, M. *Evangelho de Lucas* – Texto e comentário – Leitura facilitada. São Paulo: Ave Maria, 1998.

OVERMAN, J.A. *O Evangelho de Mateus e o judaísmo formativo*. São Paulo: Loyola, 1997.

PAGOLA, J.A. *Jesus* – Aproximação histórica. 6. ed. Petrópolis: Vozes, 2013.

SANTINI, A.C. *Eu quero a misericórdia (Reflexões inspiradas no Evangelho de São Lucas)*. Belo Horizonte: O Lutador, 2009.

STUHLMUELLER, C.C.P. *Evangelho de Lucas*. São Paulo: Paulinas, 1975.

VASCONCELLOS, P.L., *A Boa Notícia segundo a comunidade de Lucas*. São Leopoldo: Cebi, 1998 [Cebi 123/124].

ZABATIERO, J.P.T; PETRY, Z.L.; ROSSI, L.A.S.; LAZIER, J.A.; OLIVA, A.S.; HOEFELMANN, V. *Evangelho de Lucas. Estudos Bíblicos*, Petrópolis: Vozes; São Leopoldo: Sinodal, n. 47, 1995.

Obras do autor

Edições nacionais:

1 – *Cartas da prisão – 1969-1973*. Rio de Janeiro, Agir, 2008 [Essas cartas foram publicadas anteriormente em duas obras: *Cartas da prisão* e *Das catacumbas*. Rio de Janeiro: Civilização Brasileira. Nova edição: São Paulo: Companhia das Letras, 2017].

2 – *Das catacumbas*. Rio de Janeiro: Civilização Brasileira, 1976 [3. ed., 1985]. – Obra esgotada.

3 – *Oração na ação*. Rio de Janeiro: Civilização Brasileira, 1977 [3. ed., 1979). – Obra esgotada.

4 – *Natal, a ameaça de um menino pobre*. Petrópolis: Vozes, 1978. – Obra esgotada.

5 – *A semente e o fruto, Igreja e comunidade*. 3. ed. Petrópolis: Vozes, 1981. – Obra esgotada.

6 – *Diário de Puebla*. Rio de Janeiro: Civilização Brasileira, 1979 [2. ed., 1979). – Obra esgotada.

7 – *A vida suspeita do subversivo Raul Parelo* [contos]. Rio de Janeiro: Civilização Brasileira, 1979 [esgotada]. Reeditada sob o título de *O aquário negro*. Rio de Janeiro: Difel, 1986. Nova edição do Círculo do Livro, 1990. Em 2009, foi lançada pela Agir nova edição revista e ampliada. Rio de Janeiro. – Obra esgotada.

8 – *Puebla para o povo*. Petrópolis: Vozes, 1979 [4. ed., 1981]. – Obra esgotada.

9 – *Nicarágua livre, o primeiro passo*. Rio de Janeiro: Civilização Brasileira, 1980. Dez mil exemplares editados em Jornalivro, São Bernardo do Campo: ABCD-Sociedade Cultural, 1981. – Obra esgotada.

10 – *O que é Comunidade Eclesial de Base*. 5. ed. São Paulo: Brasiliense, 1985. Coedição Abril (São Paulo, 1985) para bancas de revistas e jornais. – Obra esgotada.

11 – *O fermento na massa*. Petrópolis: Vozes, 1981. – Obra esgotada.

12 – *CEBs, rumo à nova sociedade*. 2. ed. São Paulo: Paulinas, 1983. – Obra esgotada.

13 – *Fogãozinho, culinária em histórias infantis* [com receitas de Maria Stella Libanio Christo]. Rio de Janeiro: Nova Fronteira, 1984 [3. ed., 1985]. Nova edição da Mercuryo Jovem, São Paulo, 2002 [7. ed.].

14 – *Fidel e a religião, conversas com Frei Betto*. São Paulo: Brasiliense, 1985 [23. ed., 1987]. Edição do Círculo do Livro, São Paulo, 1989 [esgotada]. 3. ed., ampliada e ilustrada com fotos. São Paulo: Companhia das Letras/Fontanar, 2016.

15 – *Batismo de sangue – Os dominicanos e a morte de Carlos Marighella*. Rio de Janeiro: Civilização Brasileira, 1982 [7. ed., 1985]. Reeditado pela Bertrand do Brasil (Rio de Janeiro, 1987) [10. ed., 1991]. São Paulo: Círculo do Livro, São Paulo, 1982. Em 2000 foi lançada a 11. ed. revista e ampliada (*Batismo de Sangue – A luta clandestina contra a ditadura militar – Dossiês Carlos Marighella & Frei Tito*) pela Casa Amarela, São Paulo. Em 2006, foi lançada a 14. ed., revista e ampliada, Rocco.

16 – *OSPB, Introdução à política brasileira*. São Paulo: Ática, 1985 [18. ed., 1993]. – Obra esgotada.

17 – *O dia de Angelo* [romance]. São Paulo: Brasiliense, 1987 [3. ed., 1987]. São Paulo: Círculo do Livro, 1990. – Obra esgotada.

18 – *Cristianismo & marxismo*. 3. ed. Petrópolis: Vozes, 1988. – Obra esgotada.

19 – *A proposta de Jesus – Catecismo Popular, vol. I*. São Paulo: Ática, 1989 [3. ed., 1991]. – Obra esgotada

20 – *A comunidade de fé – Catecismo Popular, vol. II*. São Paulo: Ática, 1989 [3. ed., 1991]. – Obra esgotada.

21 – *Militantes do reino – Catecismo Popular, vol. III*. São Paulo: Ática,1990 [3. ed., 1991]. – Obra esgotada.

22 – *Viver em comunhão de amor – Catecismo Popular, vol. IV*. São Paulo: Ática, 1990 [3. ed., 1991]. – Obra esgotada.

23 – *Frei Tito de Alencar Lima*. São Paulo: CPDDH/Centro Ecumênico de Publicações e Estudos, 1991.

24 – *Espiritualidade dominicana: seguir Jesus nos passos de Domingos – Subsídios para a formação dominicana*. São Paulo: Escola Dominicana de Teologia, 1981.

25 – *Novena de São Domingos: subsídios para a formação dominicana – Escrito na prisão de Presidente Venceslau*. São Paulo: Escola Dominicana de Teologia, 1972.

26 – *Catecismo popular* [versão condensada]. São Paulo: Ática, 1992 [2. ed., 1994]. – Obra esgotada.

27 – *Lula – Biografia política de um operário*. São Paulo: Estação Liberdade, 1989 [8. ed., 1989]. • *Lula – Um operário na Presidência*. São Paulo: Casa Amarela, 2003 – Edição revista e atualizada.

28 – *A menina e o elefante* [infantojuvenil]. São Paulo: FTD, 1990 [6. ed., 1992]. Em 2003 foi lançada nova edição revista pela Editora Mercuryo Jovem, São Paulo [3. ed.].

29 – *Fome de pão e de beleza*. São Paulo: Siciliano, 1990. – Obra esgotada.

30 – *Uala, o amor* [infantojuvenil]. São Paulo: FTD, 1991 [12. ed., 2009]. Nova edição, 2016.

31 – *Sinfonia universal – A cosmovisão de Teilhard de Chardin*. 5. ed. revista e ampliada. São Paulo: Ática, 1997. A 1. ed. foi editada pela Letras & Letras, São Paulo, 1992 [3. ed., 1999]. Petrópolis: Vozes, 2011.

32 – *Alucinado som de tuba* [romance]. São Paulo: Ática,1993 [20. ed., 2000].

33 – *Por que eleger Lula presidente da República* [Cartilha popular]. São Bernardo do Campo: FG, 1994. – Obra esgotada.

34 – *O paraíso perdido – Nos bastidores do socialismo*. São Paulo: Geração, 1993 [2. ed., 1993]. Na edição atualizada, ganhou o título *O paraíso perdido – Viagens ao mundo socialista*. Rio de Janeiro: Rocco, 2015.

35 – *Cotidiano & Mistério*. São Paulo: Olho d'Água, 1996 [2. ed. 2003]. – Obra esgotada.

36 – *A obra do Artista – Uma visão holística do universo*. São Paulo: Ática, 1995 [7. ed., 2008]. Rio de Janeiro: José Olympio, 2011.

37 – *Comer como um frade – Divinas receitas para quem sabe por que temos um céu na boca*. Rio de Janeiro: Francisco Alves, 1996 [2. ed., 1997]. Rio de Janeiro: José Olympio, 2003.

38 – *O vencedor* [romance]. São Paulo: Ática, 1996 [15. ed., 2000].

39 – *Entre todos os homens* [romance]. São Paulo: Ática, 1997 [8. ed., 2008]. Na edição atualizada, ganhou o título *Um homem chamado Jesus*. Rio de Janeiro: Rocco, 2009.

40 – *Talita abre a porta dos evangelhos*. São Paulo: Moderna, 1998. – Obra esgotada.

41 – *A noite em que Jesus nasceu*. Petrópolis: Vozes, 1998. – Obra esgotada.

42 – *Hotel Brasil* [romance policial]. São Paulo: Ática, 1999 [2ª ed., 1999]. Rio de Janeiro: Rocco, 2010.

43 – *A mula de Balaão*. São Paulo: Salesiana, 2001.

44 – *Os dois irmãos.* São Paulo: Salesiana, 2001.

45 – *A mulher samaritana.* São Paulo: Salesiana, 2001.

46 – *Alfabetto – Autobiografia escolar.* 4. ed. São Paulo: Ática, 2002.

47 – *Gosto de uva – Textos selecionados.* Rio de Janeiro: Garamond, 2003.

48 – *Típicos tipos – Coletânea de perfis literários.* São Paulo: A Girafa, 2004. – Nova edição, revista e atualizada, 2022.

49 – *Saborosa viagem pelo Brasil – Limonada e sua turma em histórias e receitas a bordo do fogãozinho* [com receitas de Maria Stella Libanio Christo]. 2. ed. São Paulo: Mercuryo Jovem, 2004.

50 – *Treze contos diabólicos e um angélico.* São Paulo: Planeta do Brasil, 2005.

51 – *A mosca azul – Reflexão sobre o poder.* Rio de Janeiro: Rocco, 2006.

52 – *Calendário do poder.* Rio de Janeiro: Rocco, 2007.

53 – *A arte de semear estrelas.* Rio de Janeiro: Rocco, 2007.

54 – *Diário de Fernando – Nos cárceres da ditadura militar brasileira.* Rio de Janeiro: Rocco, 2009.

55 – *Maricota e o mundo das letras.* São Paulo: Mercuryo Novo Tempo, 2009.

56 – *Minas do ouro.* Rio de Janeiro: Rocco, 2011.

57 – *Aldeia do silêncio.* Rio de Janeiro: Rocco, 2013.

58 – *O que a vida me ensinou.* São Paulo: Saraiva, 2013. Nova edição. São Paulo: Almedina, 2024.

59 – *Fome de Deus – Fé e espiritualidade no mundo atual.* São Paulo: Paralela, 2013.

60 – *Reinventar a vida.* Petrópolis: Vozes, 2014.

61 – *Começo, meio e fim.* Rio de Janeiro: Rocco, 2014.

62 – *Oito vias para ser feliz*. São Paulo: Planeta, 2014.

63 – *Um Deus muito humano – Um novo olhar sobre Jesus*. São Paulo: Fontanar, 2015.

64 – *Ofício de escrever*. Rio de Janeiro: Rocco, 2017.

65 – *Parábolas de Jesus – Ética e valores universais*. Petrópolis: Vozes, 2017.

66 – *Por uma educação crítica e participativa*. Rio de Janeiro: Rocco, 2018.

67 – *Sexo, orientação sexual e "ideologia de gênero"*. Rio de Janeiro: Grupo Emaús, 2018 [Coleção Saber].

68 – *Fé e afeto – Espiritualidade em tempos de crise*. Petrópolis: Vozes, 2019.

69 – *Minha avó e seus mistérios*. Rio de Janeiro: Rocco, 2019.

70 – *O marxismo ainda é útil?* São Paulo: Cortez, 2019.

71 – *O Diabo na corte – Leitura crítica do Brasil atual*. São Paulo: Cortez, 2020.

72 – *Diário de Quarentena – 90 dias em fragmentos evocativos*. Rio de Janeiro, Rocco, 2020.

73 – *Espiritualidade, amor e êxtase*. Petrópolis: Vozes, 2021.

74 – *Tom vermelho do verde*. Rio de Janeiro: Rocco, 2022.

75 – *O estranho dia de Zacarias*. São Paulo: Cortez, 2022.

76 – *Jesus militante – Evangelho e projeto político do Reino de Deus*. Petrópolis: Vozes, 2022.

77 – *Os anjos de Juliana*. São Paulo: Mercuryo Jovem, 2023.

78 – *Jesus rebelde – Mateus, o Evangelho da ruptura*. Petrópolis: Vozes, 2024.

Obras sobre Frei Betto

BENTO, F.R. *Frei Betto e o socialismo pós-ateísta*. Porto Alegre: Nomos, 2018.

CARVALHO, L.F. *Teologia política, espiritualidade*. Campinas: Saber Criativo, 2018.

CASAGRANDE, A. *Jesus na ótica da literatura* – Análise teológico-literária do romance de Frei Betto, "Um homem chamado Jesus". São Paulo: Reflexão, 2011.

DERIVET, A.R. *Los afortunados entrevistadores de Fidel* – Frei Betto, Gianni Miná, Tomás Borge, Ignacio Ramonet. La Habana: Oficina de Publicaciones del Consejo de Estado, 2007.

FREIRE, A.; SYDOW, E. *Frei Betto*: Biografia [Prefácio de Fidel Castro]. Rio de Janeiro: Civilização Brasileira, 2016.

FREIRE, A.; SYDOW, E. *Sobre Frei Betto*: Una Biografía [Prólogo de Fidel Castro]. Havana: José Martí, 2017.

FREIRE, A.; SYDOW, E. *Frei Betto* – The Political-Pastoral Work of a Dominican Friar in Brazil and Beyond. Brighton/Chicago/Toronto: Sussex Academic Press, 2020.

RAMÍREZ, A.E.; TORRIENTE, P. *Sueño y razón en Frei Betto* – Entrevista al fraile dominico, escritor y teólogo brasileño. Cuba: La Habana, 2018 [Equador: Abya-Yala, 2018].

VANNUCHI, C.; CAMARGO, S. *Fome* – Como enfrentar a maior das violências. São Paulo: Discurso Direto, 2002.

Conecte-se conosco:

 facebook.com/editoravozes

 @editoravozes

 @editora_vozes

 youtube.com/editoravozes

 +55 24 2233-9033

www.vozes.com.br

Conheça nossas lojas:

www.livrariavozes.com.br

Belo Horizonte – Brasília – Campinas – Cuiabá – Curitiba
Fortaleza – Juiz de Fora – Petrópolis – Recife – São Paulo

EDITORA VOZES LTDA.
Rua Frei Luís, 100 – Centro – Cep 25689-900 – Petrópolis, RJ
Tel.: (24) 2233-9000 – E-mail: vendas@vozes.com.br